Friedensethik in Kriegszeiten

Volker Gerhardt, Rochus Leonhardt
und Johannes Wischmeyer

Friedensethik in Kriegszeiten

EVANGELISCHE VERLAGSANSTALT
Leipzig

Bibliographische Information der Deutschen Nationalbibliothek
Die Deutsche Nationalbibliothek verzeichnet diese Publikation in der
Deutschen Nationalbibliographie; detaillierte bibliographische Daten
sind im Internet über http://dnb.dnb.de abrufbar.

© 2023 by Evangelische Verlagsanstalt GmbH · Leipzig
Printed in Germany

Das Werk einschließlich aller seiner Teile ist urheberrechtlich geschützt.
Jede Verwertung außerhalb der Grenzen des Urheberrechtsgesetzes ist
ohne Zustimmung des Verlags unzulässig und strafbar. Das gilt insbesondere
für Vervielfältigungen, Übersetzungen, Mikroverfilmungen und die
Einspeicherung und Verarbeitung in elektronischen Systemen.

Das Buch wurde auf alterungsbeständigem Papier gedruckt.

Cover: Mario Moths, Marl
Satz: ARW-Satz, Leipzig
Druck und Binden: CPI books GmbH

ISBN 978-3-374-07337-5 // eISBN (PDF) 978-3-374-07338-2
www.eva-leipzig.de

Inhalt

Rochus Leonhardt
Einleitung 7

Rochus Leonhardt
Die Friedensethik Martin Luthers 19
Eine historische Rekonstruktion in gegenwarts-
diagnostischer Absicht

Volker Gerhardt
Das Neue in Kants Theorie des Friedens 91

Johannes Wischmeyer
Die Sorge als Maßstab 151
Stand und Perspektiven der evangelischen Rede
von Krieg und Frieden

Die Autoren 177

Rochus Leonhardt
Einleitung

Hätte es vor ca. 20 Jahren eine repräsentative Umfrage in Deutschland gegeben, in der es um die Gefahr eines Krieges in Europa gegangen wäre, dann hätten wohl die allermeisten Befragten die Wahrscheinlichkeit als sehr gering eingeschätzt. Nach dem Zusammenbruch des Ostblocks, dem Zerfall der Sowjetunion und dem Sieg des westlichen Politik- und Wirtschaftsmodells schien die in den 80er Jahren noch allenthalben beschworene Gefahr einer (gar atomaren) kriegerischen Auseinandersetzung auf dem Territorium der alten Welt dauerhaft gebannt. Die Aufgabe einer europäischen Friedenssicherung – im Sinne von militärischer Vorbereitung auf einen möglichen Kriegsfall – schien nicht mehr akut zu sein. Diese Überzeugung war (und ist teilweise bis heute) in Deutschland besonders ausgeprägt. Die am 24. März 2011 vom Deutschen Bundestag beschlossene Aussetzung der allgemeinen Wehrpflicht zum 1. Juli des Beschlussjahres ist eines von vielen Indizien dafür.

Seit dem 24. Februar 2022 – dem Beginn des russischen Angriffskrieges gegen die Ukraine – hat sich diese Situation allerdings zu ändern begonnen, in mancher Hinsicht jedenfalls. Der jetzige Bundeskanzler hat bereits am 27. Februar 2022 in einer Regierungserklärung von einer „Zeitenwende in der Geschichte unseres Kontinents" gesprochen. In diesem Zusammenhang wurde nicht nur Unterstützung für die Ukraine angekündigt. Sondern es ging auch, und darauf soll hier der Akzent gelegt werden, um die Ankündigung einer militärischen Ertüchtigung der deutschen Streitkräfte. „Wir müssen", so formulierte Olaf Scholz, „deutlich mehr in die Sicherheit unseres Landes investieren, um auf diese Weise unsere Freiheit und unsere Demokratie zu schützen. [...] Das Ziel ist eine leistungsfähige, hochmoderne, fortschrittliche Bundeswehr, die uns zuverlässig schützt". Und weil diese militärische Ertüchtigung der Bundeswehr Geld kostet, wurde ein sog. „Sondervermögen" in Höhe von 100 Milliarden Euro gebildet, das „für notwendige Investitionen und Rüstungsvorhaben" genutzt werden soll. Darüber hinaus will Deutschland „von nun an Jahr für Jahr mehr als 2 Prozent des Bruttoinlandsprodukts in unsere Verteidigung investieren".[1]

Die hier greifbare Veränderung der sicherheitspolitischen Prioritäten wird vor allem deutlich, wenn man sich frühere Einlassungen zur Notwendigkeit höherer Rüstungsausgaben vor Augen führt. Im Jahr 2017, also bereits nach der russischen Krim-Annexion (2014), schien es Politikern aus den Parteien der heutigen Regierungskoalition weniger um die jetzt in den Mittelpunkt gerückte „Sicherheit unseres Landes", sondern in erster Linie um eine Abgrenzung von Donald Trump zu gehen. Dessen insbesondere an Deutschland adressierte Forderung nach höheren Militärausgaben hat der da-

---

1 Regierungserklärung von Bundeskanzler *Olaf Scholz* am 27. Februar 2022: https://www.bundesregierung.de/breg-de/suche/regierungserklaerung-von-bundeskanzler-olaf-scholz-am-27-februar-2022-2008356 (Zugriff am 7. Februar 2023). Allerdings haben sich aus dem Erfolg des *Wortes* „Zeitenwende" (die Gesellschaft für deutsche Sprache hat es zum Wort des Jahres 2022 erklärt) bisher noch kaum nachhaltige Folgen für die *Realität* ergeben: 2022 lag der Verteidigungshaushalt bei 1,51 % des BIP, und auch 2023 wird das 2 %-Ziel nicht erreicht werden; hinzu kommen die notorischen Probleme bei der Beschaffung von Ausrüstung und Bewaffnung.

malige SPD-Fraktionschef Thomas Oppermann als „völlig unrealistisch" zurückgewiesen. Und Cem Özdemir (Bündnis 90/Die Grünen) hat vor höheren Militärausgaben sogar ausdrücklich gewarnt: Die Auffassung, „mehr Geld für Rüstung führe automatisch zu mehr Sicherheit", offenbare „ein überholtes Verständnis davon, wie ein Mehr an innerer und äußerer Sicherheit erreicht werden kann".[2]

In gewisser Weise analog zur Bundespolitik haben auch die christlichen Kirchen – hier ist der Blick primär auf den deutschen Protestantismus gerichtet – auf ihre Weise eine distanzierte Grundhaltung zur Notwendigkeit von Landesverteidigung und Bündnistreue kultiviert. Die dabei im Hintergrund stehende komplexe Entwicklung kann nicht im Detail dargestellt werden. Entscheidend ist jedenfalls die Verabschiedung der traditionellen – in sich freilich wiederum hochgradig differenzierten[3] – Lehre(n) vom *gerechten Krieg* zugunsten einer Priorisierung des Konzepts des *gerechten Friedens*, ein Begriff, der bereits 1994 in dem EKD-Text „Schritte auf dem Weg des Friedens" eine Rolle gespielt hatte.[4] Wolfgang Huber, der zwischen 2003 und 2009 als Ratsvorsitzender der Evangelischen Kirche in Deutschland (EKD) amtierte, hat in

---

[2] https://www.zeit.de/politik/ausland/2017-05/nato-donald-trump-spd-gru ene (Zugriff am 7. Februar 2023).

[3] Vgl. die Aufsätze in: Gerechter Krieg. Ideengeschichtliche, rechtsphilosophische und ethische Beiträge, hg. von *Dieter Janssen* und *Michael Quante*, Paderborn 2003, und in: Der „gerechte Krieg". Zur Geschichte einer aktuellen Denkfigur, hg. von *Georg Kreis*, Basel 2006.

[4] Vgl. Schritte auf dem Weg des Friedens. Orientierungspunkte für Friedensethik und Friedenspolitik. Ein Beitrag des Rates der Evangelischen Kirche in Deutschland, Hannover 1994, ²2001 (EKD-Texte 48), 14 (mit Anknüpfung an die „Ökumenische Versammlung für Gerechtigkeit, Frieden und Bewahrung der Schöpfung" 1988/89; vgl. dazu Anm. 9).

einem 2005 publizierten und seitdem oft zitierten Text zwar eingeräumt, dass sich „mit dem Ende des Kalten Kriegs" der Frieden „keineswegs von selbst verstehe", weshalb die „Frage nach Notwendigkeit und Grenzen militärischer Einsätze" nach wie vor akut sei.[5] Er hat aber bestritten, dass es angemessen sei, auf diese Situation mit einer „Rückkehr zur überkommenen Lehre vom ‚gerechten Krieg'" zu reagieren.[6] Eine christlich-theologische Friedensethik könne, so Huber, „nicht auf dem Begriff des Krieges aufbauen". Dagegen stelle der Begriff des gerechten Friedens auf die „Zusammengehörigkeit und Interdependenz von Frieden, Recht und Gerechtigkeit" ab, weshalb er „in seiner Aussagekraft sehr viel gehaltvoller und substantieller [sei] als der Terminus ‚gerechter Krieg'".[7]

Was ist mit dem gerechten Frieden genau gemeint?[8] Als ein wichtiger Ausgangspunkt für die kirchlich-theologische Popularisierung dieses Konzepts kann die „Ökumenische Versammlung für Gerechtigkeit, Frieden und Bewahrung der Schöpfung" gelten, die in Gestalt von drei Vollversammlungen zwischen Februar 1988 und April 1989 in Dresden und Magdeburg stattgefunden hat. Namentlich die Dresdner Ver-

---

[5] *Wolfgang Huber*, Rückkehr zur Lehre vom gerechten Krieg? Aktuelle Entwicklungen in der evangelischen Friedensethik, in: ZEE 49, 2005, 113–130, 121.

[6] A. a. O., 113.

[7] A. a. O., 127.

[8] Dazu einschlägig: *Jean-Daniel Strub*, Der gerechte Friede. Spannungsfelder eines friedensethischen Leitbegriffs, Stuttgart 2010; *Thomas Hoppe/Ines-Jacqueline Werkner*, Der gerechte Frieden: Positionen in der katholischen und evangelischen Kirche in Deutschland, in: Handbuch Friedensethik, hg. von Ines-Jacqueline Werkner und Klaus Ebeling, Wiesbaden 2017, 342–359; *Ines-Jacqueline Werkner*, Gerechter Frieden. Im Spannungsfeld zwischen ziviler Konfliktbearbeitung und rechtserhaltender Gewalt, Wiesbaden 2021.

sammlung vom April 1989 hat eine an diesem Begriff orientierte Friedensethik gefordert: „Mit der notwendigen Überwindung der Institution des Krieges kommt auch die Lehre vom gerechten Krieg, durch welche die Kirchen den Krieg zu humanisieren hofften, an ein Ende. Daher muss schon jetzt eine Lehre vom gerechten Frieden entwickelt werden, die zugleich theologisch begründet und dialogoffen auf allgemeinmenschliche Werte bezogen ist."[9] Inhaltlich knüpft der Begriff des gerechten Friedens an die biblische Verbindung von Frieden und Gerechtigkeit an (vgl. Ps 85,11; Jes 32,17; Röm 14,17). Frieden wird vor diesem Hintergrund verstanden als „ein Prozess, der in innerstaatlicher wie zwischenstaatlicher Hinsicht auf die Vermeidung von Gewaltanwendung, die Förderung der Freiheit und den Abbau von Not gerichtet ist"; es geht also um „ein Prozessmuster abnehmender Gewalt und zunehmender politischer und sozialer Gerechtigkeit".[10] In der politischen Praxis verbindet sich die Arbeit an der Realisierung eines gerechten Friedens insbesondere mit einer Vorfahrt für Konflikt- und Gewaltvermeidung bzw. -prävention. Der katholische Sozialethiker Thomas Hoppe hat diese Vermeidungs- bzw. Präventionspriorisierung so auf den Punkt gebracht:

> „Erster Imperativ muss es sein, durch gewaltpräventives Handeln zu vermeiden, überhaupt in Situationen zu geraten, in denen man nur noch die Wahl zwischen im Grunde unakzeptablen Alternativen hat.

---

9 Ökumenische Versammlung für Gerechtigkeit, Frieden und Bewahrung der Schöpfung. Dresden/Magdeburg/Dresden, hg. vom Kirchenamt der EKD, Hannover 1991 (EKD-Texte 38), 32.

10 *Hans-Richard Reuter*, Was ist ein gerechter Frieden?, in: Der gerechte Friede zwischen Pazifismus und gerechtem Krieg. Paradigmen der Friedensethik im Diskurs, hg. von *Jean-Daniel Strub* und *Stefan Grotefeld*, Stuttgart 2007, 175–190, 179.

[...] ‚Äußerste Anstrengungen, Gewalt zu vermeiden, sind nicht bloß empfohlen, sondern im strikten Sinne verpflichtend'. Die grundlegende Suchrichtung geht dahin, konkrete Aufgaben zu identifizieren und Wege zu benennen, auf denen es gelingen kann, den übergreifenden Zielen konstruktiver Konfliktbearbeitung, einer weltweiten Verwirklichung der Menschenrechte und der Herstellung von mehr Gerechtigkeit näher zu kommen – innerhalb von einzelnen Staaten wie in den internationalen Beziehungen."[11]

Was aber geschieht, wenn ein beteiligter politischer Akteur zu „konstruktiver Konfliktbearbeitung" nicht bereit ist? Die Beantwortung dieser Frage zeigt zunächst, dass das „Konzept des ‚gerechten Friedens' [...] keinen absoluten Pazifismus" vertritt, sondern „eine Fortentwicklung der Lehre vom ‚gerechten Krieg'" darstellt:[12] „Das Problem der *Friedenssicherung* ist legitim lösbar durch ein bündisches *System kollektiver Sicherheit*, wie es in der UN-Charta vorgezeichnet ist. [...] Militärische Erzwingungsgewalt, die durch die supranationale Autorisierungsinstanz eines Systems kollektiver Sicherheit legitimiert ist", bleibt also weiterhin möglich und kann ggf. auch nötig sein. Mit diesem Zugeständnis sei aber, so wird betont, „keine Rückkehr zur Lehre vom ‚gerechten Krieg'" verbunden.[13]

---

11 Thomas Hoppe, Krieg und Gewalt in der Geschichte des Christentums, in: Krieg und Gewalt in den Weltreligionen. Fakten und Hintergründe, hg. von *Adel Theodor Khoury, Ekkehard Grundmann* und *Hans-Peter Müller*, Freiburg im Breisgau/Basel/Wien 2003, 25–43, 40; das Zitat im Zitat (‚Äußerste Anstrengungen [...] verpflichtend') entstammt dem Text Gerechter Friede, hg. vom Sekretariat der Deutschen Bischofskonferenz (2000), Bonn ⁴2013 (Die deutschen Bischöfe, Nr. 66), 57 (Nr. 66).

12 *Wolfgang Palaver*, Vom „gerechten Krieg" zum „gerechten Frieden", in: Der „gerechte Krieg" (Anm. 3), 97–111, 109; *Huber*, Rückkehr zur Lehre vom gerechten Krieg? (Anm. 5), 128. Vgl. auch den Titel des in Anm. 10 nachgewiesenen Sammelbandes: Der gerechte Friede zwischen Pazifismus und gerechtem Krieg.

Hier wird man Zweifel anmelden und den Verdacht erhärtet sehen können, dass es sich bei der Umstellung vom gerechten Krieg auf den gerechten Frieden um einen semantischen Taschenspielertrick handelt. Gerade die in der UN-Charta vorgezeichneten Möglichkeiten, im Fall des Scheiterns konstruktiver Konfliktbearbeitung Erzwingungsgewalt auszuüben, die durch eine supranationale Autorisierungsinstanz legitimiert ist, lassen sich durchaus auch im Horizont der Lehre vom *gerechten* Krieg (*bellum iustum*), mindestens aber, wenn man die moderne Unterscheidung zwischen Moral und Recht in Rechnung stellt, im Sinne eines *rechtmäßigen* Krieges (*bellum legale*) interpretieren.[14] Hinzu kommt, dass, namentlich in der 2007 publizierten EKD-Denkschrift „Aus Gottes Frieden leben – für gerechten Frieden sorgen", davon die Rede ist, dass die für eine Ethik rechtserhaltender Gewalt maßgeblichen Prüfkriterien der – nominell als obsolet geltenden – Lehre vom *bellum iustum* entnommen werden;[15] dies hatte bereits Wolfgang Huber in seinem oben herangezogenen Beitrag betont.[16]

Das Verhältnis zwischen der kirchlich gegenwärtig ungeliebten Lehre vom gerechten (oder: rechtmäßigen) Krieg und

---

13 Reuter, Was ist ein gerechter Frieden? (Anm. 10), 182 f.

14 So Jessica Jensen, Krieg um des Friedens willen. Zur Lehre vom gerechten Krieg, Baden-Baden 2015, 270–290.

15 Vgl. Aus Gottes Frieden leben – für gerechten Frieden sorgen. Eine Denkschrift des Rates der Evangelischen Kirche in Deutschland, Gütersloh 2007, 66 (Nr. 99).

16 Vgl. Huber, Rückkehr zur Lehre vom gerechten Krieg? (Anm. 5), 128: „Nicht alle Elemente der Lehre vom gerechten Krieg werden durch die Lehre vom gerechten Frieden gegenstandslos. Im Gegenteil. Manche Elemente, etwa die Kriterien der überkommenen Lehre oder der Gedanke der ‚ultima ratio', lassen sich innerhalb des neuen Paradigmas rekonstruieren und werden insofern aufbewahrt".

dem Konzept des gerechten Friedens ist jedenfalls komplexer, als es der Überwindungs- oder auch nur der Fortschreibungsgestus suggerieren.

Ungeachtet der faktisch unübersehbaren, wenn auch nur eingeschränkt konzedierten Kontinuitäten zwischen den beiden Paradigmen etablierte sich im Windschatten der innerkirchlichen Durchsetzung des Konzepts des gerechten Friedens eine Haltung, der zufolge der christliche Beitrag zur Friedensethik in einer Ablehnung wirklich aller Formen von militärischer Gewalt bestehe(n müsse): In der entsprechenden Verlautbarung der EKD-Synode von 2019 ist deshalb von rechtserhaltender Gewalt keine Rede mehr. Stattdessen liegt der Schwerpunkt auf der Forderung nach aktivem Gewaltverzicht: „Wir folgen Jesus, der Gewalt weder mit passiver Gleichgültigkeit noch mit gewaltsamer Aggression begegnet, sondern mit aktivem Gewaltverzicht. Dieser Weg transformiert Feindschaft und überwindet Gewalt, und er achtet die Würde aller Menschen, auch die von Gegnerinnen und Gegnern."[17]

Der 24. Februar 2022 hat insofern auch in der evangelischen Friedensethik eine Art „Zeitenwende" eingeläutet, als die eben erwähnte pazifistische[18] Interpretation der Idee des

---

17 Kirche auf dem Weg der Gerechtigkeit und des Friedens. Kundgebung der 12. Synode der Evangelischen Kirche in Deutschland auf ihrer 6. Tagung (https://www.ekd.de/kundgebung-ekd-synode-frieden-2019-51648.htm; Zugriff am 7. Februar 2023).

18 Zum Stichwort „Pazifismus" sei hier nur angemerkt, dass damit ein sehr breites Spektrum von Positionen bezeichnet wird. In systematischer Hinsicht ist insbesondere die Unterscheidung „zwischen einem kategorischen und einem konditionalen Pazifismus" von Bedeutung: „Während der *kategorische* Pazifismus die Anwendung (kriegerischer) Gewalt unter allen Umständen ablehnt, schließt der *konditionale* Pazifismus sie nicht unbe-

gerechten Friedens in die Kritik geraten ist. „Es ist dringend an der Zeit, dass die EKD ihre friedensethische Position neu überdenkt." – Diese Empfehlung hat der emeritierte Zürcher Ethiker Johannes Fischer bereits Anfang März 2022 formuliert und dabei der gerade zitierten Verlautbarung der EKD-Synode eine fundamentale theologische Verirrung bescheinigt.[19] „Frieden schaffen ohne Waffen scheitert derzeit an einem Aggressor, der sich an keine internationalen Regeln hält und mit dem ein Vertrauensaufbau nicht möglich ist." – Mit dieser Formulierung hat Annette Kurschus, seit November 2021 EKD-Ratsvorsitzende, im April 2022 ihre Forderung nach einer Weiterentwicklung der christlichen Friedensethik begründet.[20] Und vier Monate später hat, um nur noch ein weiteres Beispiel zu erwähnen, der braunschweigische Landesbischof Christoph Meyns einen „radikalen Pazifismus" kritisiert, der Aggressoren freie Hand lasse und die staatliche Schutzpflicht gegenüber den Bürgern faktisch unterminiere.[21]

Allerdings: Es ist leicht, ein empirisch ad absurdum geführtes Ideal zu kritisieren; schwerer ist es, ein überzeugendes Alternativkonzept aufzubieten, das die alles andere als ideale Realität unverkürzt ernstnimmt und dabei Hand-

---

dingt aus." (*Stefan Grotefeld*, Pazifismus oder Pazifizismus?, in: Der gerechte Friede zwischen Pazifismus und gerechtem Krieg [Anm. 10], 101–115, 103 Anm. 7).

19 *Johannes Fischer*, Ein Scherbenhaufen. Kritische Anmerkungen zur offiziellen Friedensethik der Evangelischen Kirche in Deutschland (https://zeitzeichen.net/node/9604; Zugriff am 7. Februar 2023).

20 https://www.ekd.de/ekd-ratsvorsitzende-friedensethik-muss-ueberdacht-werden-72894.htm (Zugriff am 7. Februar 2023).

21 https://www.ekd.de/ukraine-krieg-landesbischof-meyns-gegen-radikalen-pazifismus-74630.htm (Zugriff am 7. Februar 2023).

lungsorientierungen entwickelt, die im Horizont christlicher Glaubensüberzeugungen plausibilisierbar sind. Zur Bewältigung dieser anspruchsvollen Aufgabe, bei deren Lösung es um nicht weniger geht als darum, „die Friedensethik der evangelischen Kirche grundlegend auf den Prüfstand zu stellen",[22] ist unter der Federführung des EKD-Friedensbeauftragten Friedrich Kramer eine „Friedenswerkstatt" ins Leben gerufen worden, in der es darum gehen soll, die Denkschrift aus dem Jahr 2007 zu überprüfen, gegebenenfalls zu ergänzen oder gänzlich neu zu fassen.[23] Parallel zu dieser Initiative ist im Februar 2023 bereits ein als Debattenbeitrag ausgewiesenes Votum publiziert worden, das Perspektiven evangelischer Friedensethik angesichts des Krieges in der Ukraine auszuloten versucht und dabei in kritischer Auseinandersetzung mit der oben erwähnten Friedensdenkschrift von 2007 deren „klare Abgrenzung von der Lehre vom gerechten Krieg" sowohl als „nicht sachgerecht" als auch „dem Argumentationsgang der Denkschrift" nicht entsprechend kritisiert.[24]

Damit ist der Hintergrund skizziert, vor dem die drei Beiträge dieses Bandes zu lesen sind. Im ersten Aufsatz unter-

---

[22] *Ulrich H. J. Körtner*, Heidelberg revisited. Friedensethische Konsequenzen aus dem Ukrainekrieg, in: ZEE 66, 2022, 243–248, 248.

[23] Vgl. https://www.evangelisch.de/inhalte/207924/07-11-2022/synodentagung-magdeburg-ekd-will-friedensethik-ueberarbeiten (Zugriff am 7. Februar 2023).

[24] Mass des Möglichen. Perspektiven evangelischer Friedensethik angesichts des Krieges in der Ukraine. Ein Debattenbeitrag, im Auftrag des Evangelischen Militärbischofs hg. vom Evangelischen Kirchenamt für die Bundeswehr, Berlin 2023, 38 (https://www.bundeswehr.de/resource/blob/5586906/60b681196328321d90e4fcf9297a7501/mass-des-moeglichen-data.pdf; Zugriff am 24. Februar 2023). Da dieser Text den Autoren des vorliegenden Bandes erst im Zuge der Drucklegung bekanntgeworden ist, enthalten die folgenden Beiträge keine Auseinandersetzung mit diesem Votum.

nimmt der Theologe *Rochus Leonhardt* den Versuch, die Friedensethik von Martin Luther mit gegenwärtigen friedensethischen Reflexionen ins Gespräch zu bringen. Von Bedeutung ist dabei die Kontextualisierung von Luthers Position in den frühneuzeitlichen Friedensethik-Diskursen und insbesondere die Konfrontation mit dem Ansatz des Erasmus von Rotterdam. Im zweiten Text legt der Philosoph *Volker Gerhardt* eine Interpretation der Friedenslehre Immanuel Kants vor. Dabei wird einerseits Kants friedensethischer Realismus eindrücklich vor Augen geführt; andererseits wird Kants Idee einer Föderation als Organisationsprinzip für das globale Miteinander aller Staaten dargestellt – eine beeindruckend moderne Vision, die weit über das hinausgeht, was im Zeitalter der Reformation zu denken möglich war. Der Theologe *Johannes Wischmeyer* schließlich resümiert den Stand der evangelischen Rede von Krieg und Frieden. Dabei nimmt er entsprechende Äußerungen im kirchlichen Umfeld in den Blick und leitet angesichts der aktuellen Kriegslage Aufgaben für den friedensethischen Diskurs der Zukunft ab.

Rochus Leonhardt

Die Friedensethik Martin Luthers
Eine historische Rekonstruktion
in gegenwartsdiagnostischer Absicht

In diesem Beitrag soll die Friedensethik Martin Luthers historisch kontextualisiert, kritisch analysiert und schließlich daraufhin befragt werden, ob sich aus ihr etwas für gegenwärtige friedensethische Reflexionen lernen lässt. Dabei werden im ersten Schritt Grundentscheidungen der vorreformatorischen Friedensethik umrissen (1). Luthers Position wird dann zunächst im Blick auf ihre theologischen Voraussetzungen (2.1) und ihre ethischen Grundlagen dargestellt (2.2), bevor die inhaltliche Stoßrichtung seiner Friedensethik entfaltet wird (2.3). Die dann anstehende Verortung von Luthers Position im Kontext frühneuzeitlicher Friedensethik-Diskurse wird auf eine Konfrontation mit dem Ansatz des Erasmus von Rotterdam zusteuern (2.4). Aus dem bis dahin Gesagten werden im Schlussabschnitt des Beitrags einige gegenwartsbezogene moraltheoretische Einsichten abgeleitet, die möglicherweise für die Ausgestaltung einer zeitgemäß-realistischen christlichen Friedensethik von Bedeutung sein können (3).

1. Zur vorreformatorischen Friedensethik

Für Luthers Friedensethik ist zweierlei typisch. Einerseits galt ihm der Krieg als ein Grundübel seiner Epoche, weshalb er das Recht zum Kriegführen ausschließlich auf echte Notwehrkonstellationen beschränkt hat. Andererseits hat er das in solchen echten Notwehrkonstellationen zum Zuge kommende Kriegshandwerk als eine legitime Gestalt christlicher Nächstenliebe-Praxis gewürdigt – und insofern in gewisser Weise als gottgefällig beurteilt (mehr dazu in Abschnitt 2). Damit hat der Reformator in einer von jeher christentumsintern strittigen Frage eine sehr spezifische Position vertreten. Bevor Luthers Standpunkt eigens gewürdigt wird, werden nachstehend – zur Erhellung der bis zum 16. Jahrhundert aufgelaufenen friedensethischen Traditionen – einschlägige vorreformatorische Debatten und Auffassungen skizziert, wobei zunächst (1.1) wichtige Vertreter der Antike zur Sprache kommen, bevor (1.2) ein Klassiker der mittelalterlichen Theologie behandelt wird.

1.1 Von den Anfängen bis zu Augustinus

Das Christentum war in seinen Anfängen eine weltindifferente Religion. Das wird bereits an seiner „Initialzündung" deutlich, also an demjenigen Ereigniszusammenhang, der die Entstehung des Christentums ausgelöst hat; gemeint sind Verkündigung und Wirken Jesu. Jesus ging offenbar davon aus, dass das Kommen des Reiches Gottes – und damit die vollumfängliche Realisierung des göttlichen Willens auf Erden – unmittelbar bevorsteht und mit ihm sogar schon begonnen hat. Alle bestehenden irdischen Ordnungen, seien sie staatlich-politischer oder auch wirtschaftlicher Art, sind deshalb uninteressant geworden. Wichtig ist einzig die Totalhingabe an Gott, eine Hingabe, aus der in zwischenmenschlichen Verhältnissen eine Zuwendung zum Nächsten folgt, die über alles Normalmaß hinausgeht. Durch den dieser Totalhingabe entsprechenden „religöse[n] Radikalismus"[1] wur-

---

[1] Ernst Troeltsch, Die Soziallehren der christlichen Kirchen und Gruppen (1912), hg. von Friedrich Wilhelm Graf in Zusammenarbeit mit Daphne

den die irdischen Ordnungen nicht verworfen, ja nicht einmal ernsthaft kritisiert. Sie wurden vielmehr wegen ihrer als äußerst kurz prognostizierten „Restlaufzeit" als irrelevant betrachtet und waren deshalb einer eingehenden Befassung nicht würdig. Das berühmte Wort Jesu „Gebt dem Kaiser, was des Kaisers ist, und Gott, was Gottes ist!" (Mk 12,17 parr.) bringt dies exemplarisch zum Ausdruck. Es wurde immer wieder betont, dass in diesem Satz Ironie mitschwingt. Sie besteht darin, dass Jesus das Problem des Umgangs mit der Steuerpflicht angesichts der nahegekommenen Gottesherrschaft grundsätzlich als belanglos abtut. Seine Gesprächspartner, denen er diesen Satz sagt, sollen aufhören, über Fragen nachzudenken, die mit dieser Welt vergehen.[2]

Analoges lässt sich im Blick auf das Verhältnis des Christentums zum Soldatenstand feststellen, sofern man die Zeit von den Anfängen bis zum letzten Drittel des 2. Jahrhunderts in den Blick nimmt.[3] Natürlich war – einerseits – klar, „dass

---

Bielefeld, Eva Hanke, Johannes Heider, Fotios Komotoglou und Hannelore Loidl-Emberger, Berlin/Boston 2021 (Ernst Troeltsch, Kritische Gesamtausgabe, Bd. 9,1–3), 223 (Teilbd. 1). Dieser Radikalismus realisiert sich nach Troeltsch in „Selbstheiligung, Selbstopferung und Selbsthingebung an Gott" (a. a. O., 208) und ist getragen von einer Haltung, die „in allem nicht direkt auf religiöse Werte Beziehbaren einen ethischen Wert überhaupt nicht anzuerkennen im Stande ist" (a. a. O., 223).

2 Vgl. *Rochus Leonhardt*, Religion und Politik im Christentum. Vergangenheit und Gegenwart eines spannungsreichen Verhältnisses, Baden-Baden 2017, 36–38.

3 Dazu insgesamt: *Adolf von Harnack*, Militia Christi. Die christliche Religion und der Soldatenstand in den ersten Jahrhunderten (1905), in: ders., Schriften über Krieg und Christentum. „Militia Christi" (1905) und Texte mit Bezug zum Ersten Weltkrieg, hg. von *Bodo Bischof* und *Peter Bürger*, in Kooperation mit der Solidarischen Kirche im Rheinland, Norderstedt 2021 (Krieg & Weltkrieg, Bd. 6), 45–115, bes. 81 ff. (danach die Seitenangaben im Text).

ein Christ nicht freiwillig Soldat werden durfte", hatte Jesus doch „jede Vergeltung des Unrechts verboten und vollkommene Sanftmut und Geduld gelehrt" (82f.). Dass deshalb „der getaufte Christ [...] nicht Soldat" wurde, schloss aber – andererseits – nicht aus, dass „die christliche Religion [...] Soldaten [gemeint sind hier solche, die es schon waren] für sich gewann". In einem solchen Fall galt der Unvereinbarkeitsgrundsatz nicht. Diese Auffassung war motiviert durch Lk 3,14, jene Formulierung aus der sog. Standespredigt Johannes des Täufers, der zufolge die getauften Soldaten ihren Dienst nicht quittieren, sondern ihm weiterhin nachgehen sollen – aber auf anständige Weise. Hinzu kommt „Die Maxime des Apostels Paulus [scil. in 1Kor 7,20]: ‚Jeder bleibe in dem Stande, im welchem ihn der Ruf Gottes getroffen hat' [...] konnte auch auf den Soldatenstand angewendet werden": Weil sich angesichts der Kürze der verbleibenden irdischen Weltzeit bzw. der „sichere[n] Erwartung des nahen Weltendes" eine Sprengung der weltlichen Ordnungen gar nicht lohnte, konnten und sollten zum Christentum bekehrte Soldaten die weitere Ausübung ihres Dienstes nicht verweigern. Insofern gilt: „*Die Eschatologie* [damit ist hier die Naherwartung gemeint] *wurde zu einem quietistischen und konservierenden Prinzip.*" (84)

Aufgrund der beschriebenen Konstellation ist es verständlich, „dass es etwa bis zur Zeit der Antonine bez. Marc Aurel's eine Soldatenfrage in den Gemeinden nicht gegeben hat" (85). Erst als deutlich wurde, dass, im Gegensatz zur Erwartung Jesu (und der ersten Christen), das Kommen des Reiches Gottes (bzw. die Wiederkunft Christi) auf sich warten ließ, als die Christen „*zu ahnen und zu erkennen anfingen, dass sie es mit diesen Zuständen noch recht lange zu tun haben und an ihrem Teile für sie verantwortlich werden würden*" (85), stellte sich die Frage nach dem angemessenen Modus der parusieverzögerungsbedingt unvermeidlich gewordenen Verantwortungsübernahme. Eine klare Antwort war schwierig, was mit der ambivalenten Beurteilung irdischer Lebens- und Herrschaftsstrukturen zu tun hat:

> „Wie der Kaiser den Christen einerseits als das verantwortliche Haupt der letzten Weltmonarchie galt und deshalb in des Teufels Staat gehört, andrerseits aber von Gott das Schwert erhalten hat, das Böse rächt und die Endkatastrophe aufhält, so fällt auch der Soldatenstand unter eine doppelte Beleuchtung. Sofern er im Namen des Kaisers und der Obrigkeit die Ordnung aufrechterhält, ist er nötig und daher zu dulden; sofern er dem Teufelsstaat dient und unschuldiges Blut vergiesst, ist er vom Teufel." (86)

Ganz ähnlich wie Harnack – und unter gelegentlichem Verweis auf dessen hier herangezogene Schrift „Militia Christi" – hat auch Ernst Troeltsch die Folgen des Abflauens der Naherwartung, des „Zurücktreten[s] der Hoffnung auf das kommende Reich", beurteilt: Die Naherwartung „konnte die gegenwärtige Welt vergleichgültigen, aber nicht direkt asketisch wirken" – denn programmatische Askese (also aktive Weltentsagung) hätte ein unsachgemäßes Ernstnehmen dieser dem baldigen Vergehen geweihten Welt bedeutet.[4] Erst nachdem das Schwinden der Naherwartung dazu geführt hatte, dass „an die Stelle des Gottesreiches die ‚Eschatologie'" trat – hier verstanden als jener Lehrkomplex, der „Himmel, Hölle und Fegefeuer, die Unsterblichkeit und das Jenseits" behandelt – war die eben erwähnte ambivalente Beurteilung

---

4 Entsprechend gilt: Der religiöse Radikalismus Jesu „ist keine Askese, wohl aber eine alle Bedingungen der Möglichkeit und Durchführbarkeit beiseite setzende Strenge" (Troeltsch, Die Sozaillehren der christlichen Kirchen und Gruppen, s. Anm. 1), 209. – „Jesu Ethik ist eher heroisch als asketisch" (a. a. O., 223).

irdischer Lebens- und Herrschaftsstrukturen ermöglicht – und damit auch die asketische Option eröffnet:

> „Indem an Stelle der Reichserwartung die ‚Eschatologie' trat, war einerseits natürlich eine stärkere Anpassung an die dauernde Welt die Folge, andrerseits aber wirkte nun die abstrakte Eschatologie mit ihren bloßen Belohnungen und Bestrafungen und ihrem völlig jenseitigen Charakter erst recht entwertend auf die Welt überhaupt [...]. So wirkt gerade die Eschatologie erst recht asketisch und sehr viel mehr asketisch als die Reichshoffnung."[5]

Die Eröffnung der asketischen Option führte im Blick auf die „Soldatenfrage" dazu, dass „die Unverträglichkeit des Christen- und des Soldatenstandes" stärker bewusst wurde, als das im Horizont der Naherwartung unter dem Vorzeichen von 1Kor 7,20 der Fall sein konnte: „nun erst richtete man sich wirklich in der Welt ein, und da erhob sich die Frage, ob man so zu sagen formell den Soldatenstand anerkennen und christlich beglaubigen dürfe" (98). Und hier artikulierte sich in der Tat ein ausgeprägter Rigorismus, „welcher den Soldatenstand für unvereinbar mit dem Christenstand erklärt"[6] und namentlich durch Tertullian, Origenes und Lactantius repräsentiert wurde. Was Tertullian angeht, so sind in diesem Zusammenhang seine Schriften „De idolatria" und „De corona" (entstanden 211) einschlägig.

Allerdings ist auch in der Auffassung Tertullians die notierte Ambivalenz insofern enthalten, als selbst „[d]er strengste Rigorist, welcher den Soldatenstand für unvereinbar mit

---

5 Alle Zitate seit dem letzten Nachweis: Ernst Troeltsch, Die Soziallehren der christlichen Kirchen und Gruppen (s. Anm. 1), 340 f.
6 Adolf von Harnack, Mission und Ausbreitung des Christentums in den ersten drei Jahrhunderten, Bd. 2: Die Verbreitung, zweite, neu durchgearbeitete Auflage, Leipzig 1906, hier zit. nach: ders., Schriften über Krieg und Christentum (s. Anm. 3), 119–130, 122 f.

dem Christenstand erklärt",[7] ungeachtet seiner Grundsatzüberzeugung der Tatsache Rechnung trägt, dass es faktisch im römischen Heer christliche Soldaten gab, dass also die realen „Beziehungen von Christentum und Soldatenstand" (101) um 200 anders gestaltet waren, als es dem Unvereinbarkeitsprinzip entsprach.[8] Dies ist jetzt kurz zu zeigen.

Im 11. Kapitel seiner schon erwähnten Schrift „De corona", die zu den Texten aus der montanistischen Phase gehört, hat sich Tertullian eingehend mit der Frage befasst, wie sich diejenigen Soldaten verhalten sollen, „die erst in den Militärdienst gingen und dann [scil. zum Christentum] konvertierten".[9] Das diesbezüglich als entscheidend empfundene Problem ergab sich daraus, dass „Christen im Militär zwangsweise mit heidnischem Kult in Berührung kamen", so dass sich die Frage stellte, wie sie „eine solche als Abfall vom christlichen Glauben angesehene Berührung vermeiden konnten".[10] Tertullians Antwort ist folgende:

> „Allerdings bei solchen, die dem Soldatenstande schon angehörten und die Gnade des Glaubens nachher fanden, ist die Sache eine ande-

---

[7] A. a. O., 122 f.

[8] „[S]o leicht es ihm [scil. Tertullian] war, die Unvereinbarkeit von Christusdienst und Heeresdienst (auch im Frieden) prinzipiell nachzuweisen, so wenig vermochte er sich auf eine bisher schon bestehende rigoristische Sitte und Praxis zu berufen." (96 f.)

[9] *Henrike Maria Zilling*, Tertullian. Untertan Gottes und des Kaisers, Paderborn/München/Wien/Zürich 2004, 166 (vgl. auch den ganzen Zusammenhang 165–170).

[10] *Hanns Christof Brennecke*, „An fidelis ad militiam converti possit"? [Tertullian, de idololatria 19,1]. Frühchristliches Bekenntnis und Militärdienst im Widerspruch? (1997), in: *ders.*, Ecclesia est in re publica. Studien zur Kirchen- und Theologiegeschichte im Kontext des Imperium Romanum, hg. von *Uta Heil, Annette von Stockhausen* und *Jörg Ulrich*, Berlin/New York 2007 (Arbeiten zur Kirchengeschichte 100), 179–232, 228.

re, wie z. B. auch bei denen, welche Johannes zur Taufe zuließ, wie bei jenen so gläubigen Hauptleuten, dem nämlich, welchen Christus lobte [Mt 8,10], und dem, welchen Petrus unterwies [Apg 10,1 ff.]. Trotzdem muß man nach Annahme des Glaubens und der Taufe entweder [1] den Kriegsdienst sofort verlassen, wie viele auch wirklich getan haben, oder [2], um nichts, was auch durch den Soldatenstand nicht zu etwas Erlaubtem wird, tun zu müssen, alle möglichen Ausflüchte suchen, oder [3] zuletzt für Gott das dulden, was in gleicher Weise der heidnische Glaube zudiktiert. Denn weder Straflosigkeit bei Versündigungen noch Freibleiben vom Märtyrertode stellt der Soldatenstand in Aussicht."[11]

Die in das Zitat in eckigen Klammern eingefügten Ziffern verweisen darauf, dass Tertullian für die zum Christentum konvertierten Soldaten drei Optionen im Blick hat. Sie konnten [1] den Dienst quittieren; daran allerdings war „aufgrund der sozial und materiell katastrophalen Folgen nicht ernsthaft zu denken".[12] Sie konnten [3] das Martyrium erleiden. Sie konnten aber auch versuchen, [2] „nach Kräften Befleckung mit Heidnischem zu vermeiden" (97), also „sich dem Götzendienst im Heer zu entziehen", ein Weg, der „offenbar für viele christliche Soldaten [...] zumindest temporär eine Lösung dar-

---

11 *Tertullian*, Vom Kranze des Soldaten. Aus dem Lateinischen übersetzt von Dr. K. A. *Heinrich Kellner*, in: ders., Apologetische, dogmatische und montanistische Schriften, Kempten/München 1915 (Bibliothek der Kirchenväter, 1. Reihe, Bd. 24), 230–263, 253. Lateinischer Text (CChrSL 2, 1057): „Plane, si quos militia praeeuntos fides posterior inuenit, alia condicio est, ut illorum quos Iohannes admittebat ad lauacrum, ut centurionum fidelissimorum quem Christus probat et quem Petrus catechizat, dum tamen, suscepta fide atque signata, aut deserendum statim sit, ut a multis actum, aut omnibus modis cauillandum, ne quid aduersus Deum committatur quae nec extra militiam permittuntur, aut nouissime perpetiendum pro Deo, quod aeque fides pagana condixit. Nec enim delictorum impunitatem aut martyriorum immunitatem militia promittit."
12 Zilling, Tertullian (Anm. 9), 168.

stellte".[13] Das Einräumen dieser Möglichkeit hat Harnack als ein Indiz dafür interpretiert, dass Tertullian nicht umhin konnte, seine Position mit den faktischen Gegebenheiten abzugleichen, was sich so darstellt, dass er, was die Frage der Realisierbarkeit seines Rigorismus angeht, „von vornherein das Spiel verloren gibt" (97).

Die vorstehenden Hinweise zur Position Tertullians machen zweierlei deutlich. Erstens: Seit dem späten 2. Jahrhundert wurde die Frage nach der Vereinbarkeit zwischen Militärdienst und Christentum als ein wichtiges Problem empfunden und auch diskutiert. Allerdings stellte dabei die Auffassung des karthagischen Rigoristen eine Außenseiterposition dar: Die „Anweisungen der Moralisten" – neben Tertullian sind noch Origenes und Lactantius zu nennen – „sind im 3. Jahrhundert keineswegs befolgt worden" (101). Zweitens: Die rigoristische Betonung des Unvereinbarkeitsgrundsatzes hat dazu geführt, dass „ein Bewußtsein um die Problematik eines christlichen Soldatentums [...] zumindest (aber wohl nicht nur) in monastischen Kreisen bis an das Ende der antiken Kirche lebendig geblieben" ist.[14] Und dieses Bewusstsein ist, so möchte man hinzufügen, bis in die Gegenwart von Bedeutung, wie nicht zuletzt die in der Einleitung zu diesem Band erwähnte Verlautbarung der EKD-Synode von 2019 deutlich macht.

Im Zuge des Aufstiegs des Christentums zur religiösen Leitkultur infolge der sog. Konstantinischen Wende[15] kam es allerdings zunächst zu einer Klärung der „Soldatenfrage", die

---

13 A. a. O., 167.

14 Brennecke, „An fidelis ad militiam converti possit"? (s. Anm. 10), 229.

15 Vgl. dazu: Leonhardt, Religion und Politik im Christentum (s. Anm. 2), 57–65.

im Gegensatz zur rigoristischen Position stand: Im Horizont der religionspolitischen Neuorientierung nach der Schlacht an der Milvischen Brücke (312) wurde 314 auf der Synode von Arles, die vorwiegend einer Klärung der donatistischen Frage dienen sollte,[16] den christlichen Soldaten, die in Friedenszeiten desertieren, die Exkommunikation angedroht:[17] „*Militia Christi* und *militia Caesaris* bilden im christlich gewordenen Imperium Romanum keinen unvereinbaren Gegensatz mehr."[18] Die schon vorkonstantinische Randständigkeit des christlichen Unvereinbarkeits-Rigorismus wird daran deutlich, dass diese Regelung als im Kontext der schon vorhandenen „langen Tradition eines christlichen Soldatentums" stehend und insofern als „die konsequente Fortsetzung der christlichen Bemühungen um Integration in die Gesellschaft des Imperium" interpretiert werden kann.[19]

Dass militia Christi und militia Caesaris im christlichen Imperium Romanum und erst recht im Horizont der mittelalterlichen Einheitskultur[20] keinen unvereinbaren Gegensatz mehr darstellten, heißt allerdings nicht, dass zwischen Christsein und Soldatsein keinerlei Spannung mehr empfunden wurde. Was die Bearbeitung dieser Spannung namentlich in der Spätantike und im Mittelalter angeht, so lassen sich zwei Überbrückungsstrategien identifizieren.

---

16 Vgl. dazu: a. a. O., 23–26.
17 „De his qui arma proiciunt in pace, placuit abstineri eos a communione." (CChrSL 148A, 9)
18 *Heinz-Horst Schrey*, Krieg IV: Historisch/Ethisch, in: TRE 20, 1990, 28–55, 29.
19 Brennecke, „An fidelis ad militiam converti possit"? (s. Anm. 10), 211.227.
20 Kritisch zu diesem – von Ernst Troeltsch geprägten – Begriff: *Ulrich Köpf*, Die Idee der „Einheitskultur" des Mittelalters (1993), in: *ders.*, Frömmigkeitsgeschichte und Theologiegeschichte. Gesammelte Aufsätze, Tübingen 2022, 164–183.

Zum einen konnte der Militärdienst als eine Variante des christlichen Lebens und Handelns in einer ambivalenten Welt gelten – ambivalent deshalb, weil sie zwar grundsätzlich als Gottes gute Schöpfung, dabei aber immer auch als kontaminiert durch die Sünde verstanden wurde. – In seinem schon zitierten Opus magnum von 1912[21] hat Ernst Troeltsch dem Christentum eine „starke Ueberweltlichkeit und [...] eine starke Zurückhaltung [...] gegen die Formen eines entwickelten Weltlebens" attestiert. Aus dieser Grundorientierung ergab sich, so Troeltsch weiter, eine Spannung zu den Erfordernissen, die mit der – seit dem 4. Jahrhundert forcierten – „Eingliederung in das große Weltleben" verbunden waren. Das „Aufkommen der Askese und dann des Mönchtums" wird als eine Folge dieser Spannung diagnostiziert.[22] Im Hintergrund dieser Diagnose steht die Auffassung, dass das Christentum ursprünglich keineswegs asketisch ausgerichtet war (vgl. dazu die in Anm. 4 zitierten Formulierungen). Damit verbunden ist die Feststellung, dass die Askese auch in der Christentumsgeschichte „immer nur ein Motiv neben anderen geblieben" ist und „nie zum systematisch begründeten Ausdruck der christlichen Moral" wurde (594). Was den Umgang mit den „asketischen Flutwellen" angeht, so konstatiert Troeltsch im Blick auf das Mittelalter eine „Neuerung" gegenüber der antiken Tradition: Die „mittelalterliche Kirche [...] unterwirft die im Altertum die Kirche gefährlich bedrohende und Ideenwelt wie Organisation sprengende Askese wieder der Kirche, gliedert sie dem Kosmos der kirchlichen

---

21 Vgl. dazu: *Friedrich Wilhelm Graf*, Ernst Troeltsch. Theologe im Welthorizont. Eine Biographie, München 2022, 296–323.

22 *Troeltsch*, Die Soziallehren der christlichen Kirchen und Gruppen (s. Anm. 1), 593 (danach die folgenden Seitenangaben im Text).

Tätigkeiten praktisch ein und stellt theoretisch die Weltfrömmigkeit und die Mönchsfrömmigkeit in ein festes Verhältnis der Vereinbarkeit." (594 f.) Infolge dieser Eingliederung kommt die mittelalterliche Askese – und das ist für Troeltsch wichtig – primär nicht mehr zu stehen als eine „Reaktion gegen die Verweltlichung der Kirche", sondern als eine „positive Arbeit für das Ganze, Mittel im Dienste des Corpus Christianum" (606). Der mittelalterliche Grundsatz der Vereinbarkeit von Askese und Weltleben wurde insofern mit Hilfe des Organismus-Gedankens plausibel gemacht, als damit „stellvertretende Leistungen eines Standes für die übrigen [...] möglich und notwendig" waren (598).

Dass „die Verschiedenheit der christlichen Vollkommenheit in Arten und Mitteln und die gegenseitige Ergänzung dieser Verschiedenheiten" (599) konkrete friedensethische Konsequenzen hatte, macht das Kriegsverbot für Bischöfe und Kleriker deutlich, das Thomas von Aquin, ein Autor, von dem weiter unten noch die Rede sein wird, mit einem organologischen Argument begründet hat. Weil, so heißt es bei Thomas, zum „Wohl der menschlichen Gesellschaft [...] vieles [und damit auch Verschiedenes] notwendig ist", weil ferner „Verschiedenes [...] von unter sich Verschiedenen besser und erfolgreicher erfüllt" werden kann „als von ein und demselben", und weil schließlich die Kriegführung „im höchsten Maße den Aufgaben der Bischöfe und Kleriker" entgegensteht, sind ihnen „kriegerische Unternehmungen" untersagt – ebenso wie „den Soldaten, die zu Kriegsübungen (*exercitia bellica*) bestimmt sind, geschäftliche Unternehmungen untersagt" sind.[23]

---

23 *Thomas von Aquin*, Summa Theologiae II–II 40,2 corp.art. (ders., Die Liebe, 2.

Soviel zur ersten Überbrückungsstrategie, der zufolge der
Militärdienst als eine bestimmten Menschen exklusiv zuge-
ordnete Variante der christlichen Existenz in einer von Sünde
(und damit Gewalt) geprägten Welt galt. Darüber hinaus
(zweite Überbrückungsstrategie) konnte der (erneut sünden-
bedingt) stets nur fragmentarische (also brüchige, d. h. durch
Kriege unterbrochene) irdische Frieden in einen Bezug zum
eschatisch-jenseitig-ewigen Frieden gesetzt werden. Dieser
Ansatz bildete die Grundlage der älteren Lehre vom gerechten
Krieg.

An dieser Stelle ist der Hinweis darauf unausweichlich, dass die – ver-
meintlich durch die Lehre vom gerechten Frieden ersetzte (vgl. die Einleitung zu diesem Band) – Lehre vom gerechten Krieg keine einheitliche Dok-
trin darstellt. Hier sollen drei Stufen in der Entwicklung dieser „Lehre"
unterschieden werden – in dem Bewusstsein, dass die vorgetragene Differenzierung anreicherungsfähig ist. [1] Die Grundlage der älteren (vorneuzeitlichen) Lehre vom gerechten Krieg bildete ein *christlich fundiertes (und
insofern moralisch geprägtes) Naturrecht*. Das als natürlich-menschlich vorausgesetzte Friedensinteresse bildete die normativ-anthropologische Basis
für die Restriktion von militärischer Gewaltanwendung als Mittel zur
(Wieder-)Herstellung einer irdischen Friedensordnung. [2] Im Kontext
neuzeitlicher Naturrechtslehren wurde auf die Behauptung eines „objek-
tiven" Gerechtigkeitsmaßstabes, an dem die Zulässigkeit jedes kriegerischen Einzelhandelns sollte gemessen werden können, ausdrücklich
Verzicht geleistet. Damit war die für die ältere Tradition zentrale Unterscheidung zwischen gerechten und ungerechten Kriegsgründen hinfällig;
man einigte sich darauf, „die Frage der iusta causa [...] aus der juristischen
Beurteilung des Krieges zu verbannen"[24]. – Dies ist die Pointe der Rede
vom „bellum iustum ex utraque parte", der zufolge es „in der Natur von

---

Teil. Klugheit: Summa Theologiae II–II 34–56, Heidelberg/Graz/Wien/Köln 1966 [Deutsche Thomas-Ausgabe 17B], 89 f.).

24 *Wilhelm Janssen*, Krieg, in: Geschichtliche Grundbegriffe, Bd. 3, Stuttgart 1982, 567–615, 583.

Kriegen [liegt], dass beide Seiten behaupten eine *justa causa* zu haben."[25]
[3] Einerseits in Anknüpfung an die frühneuzeitliche Tradition[26] sowie andererseits zunächst angesichts der Erfahrungen des Ersten Weltkriegs und dann insbesondere nach 1945 wurde versucht, militärische Gewaltanwendung mit Hilfe des *positivierten Völkerrechts* zu restringieren. Hier spielten die Satzung des Völkerbunds von 1919 und der Briand-Kellogg-Pakt von 1928 sowie schließlich die Charta der Vereinten Nationen von 1945 eine Rolle. Im Vergleich mit der vorneuzeitlichen Tradition lässt sich eine Umstellung vom *bellum iustum* zum *bellum legale* konstatieren.[27]

Die ältere Lehre vom gerechten Krieg, von der hier zu handeln ist, weil speziell sie zum christentumsgeschichtlichen Vorlauf der Lutherschen Friedensethik gehört, hat vorchristliche Wurzeln, die bei Cicero greifbar werden. Weil dieser „die Ansicht der Stoiker teilt, nach der alle Menschen durch die Vernunft miteinander verbunden sind", macht er – namentlich in seiner Schrift „De officiis" – „die Gerechtigkeit eines Krieges oder das gebotene Verhalten im Krieg nicht von der Art des Gegners" abhängig.[28] Er geht stattdessen davon aus, dass

---

25 *Peter Schröder*, Sine fide nulla pax – Überlegungen zu Vertrauen und Krieg in den politischen Theorien von Machiavelli, Gentili und Grotius, in: War in words. Transformations of war from Antiquity to Clausewitz, hg. von *Marco Formisano* und *Hartmut Böhme*, Berlin/New York 2011 (Transformationen der Antike 19), 37–60, 51; die Rede vom „bellum iustum ex utraque parte" wird auf den italienischen Völkerrechtler Alberico Gentili zurückgeführt. Es liegt in der Konsequenz dieses Zugriffs, dass das Kriegführen „in Rückkehr zu Gedanken des Aristoteles wieder zur Erwerbskunst" wird (*Otto Kimminich*, Krieg I, in: Historisches Wörterbuch der Philosophie 4, 1976, 1230–1233, 1232). Die entsprechenden Ausführungen des Aristoteles sind im ersten Buch seiner Schrift „Politik" enthalten.
26 Vgl. *Schröder*, Sine fide nulla pax (s. Anm. 25), 45–57.
27 Vgl. dazu: *Jessica Jensen*, Jessica Jensen, Krieg um des Friedens willen. Zur Lehre vom gerechten Krieg, Baden-Baden 2015, 270–290.
28 *Andrea Keller*, Cicero und der gerechte Krieg. Eine ethisch-staatsphilosophische Untersuchung, Stuttgart 2012 (Theologie und Frieden 43), 214.

dem Frieden eine grundsätzliche Priorität zukommt, weshalb Kriege prinzipiell nur als Mittel zur (Wieder-)Herstellung eines Friedenszustandes gelten. Kommt dieses Mittel zum Zuge, so gilt überdies, dass „nur der Krieg gerecht ist, der für Schadenersatz geführt wird oder nach Androhung und Erklärung" („nullum bellum esse iustum, nisi quod aut rebus repetitis geratur aut denuntiatum ante sit et indictum").[29] Über das an Ciceros Schrift angelehnte gleichnamige Werk des Kirchenvaters Ambrosius wurde die pagane friedensethische Perspektive mit der christlichen Tradition verbunden.[30] Es ist dann Ambrosius' Täufling Augustinus gewesen, der vielleicht bedeutendste, auf jeden Fall aber wirkungsstärkste lateinische Kirchenvater, der eine christliche Lehre vom gerechten Krieg im Horizont einer Lehre vom gerechten Frieden vorgetragen hat. Auch wenn Augustinus' Reflexionen zu Krieg und Gerechtigkeit „den Status der fons et origio (Quelle und Ursprung) für spätere Theoretiker des gerechten

---

Dagegen hatte *Aristoteles* aufgrund seiner Auffassung, dass manche Menschen von Natur aus dazu bestimmt sind, beherrscht zu werden (vgl. Politik I 5: 1254a17–1255a3), einen Krieg gegen solche Menschen – gedacht war an nicht-griechische Völker – als von Natur aus gerecht behauptet (I 8: 1256b23–26; physei dikaion: 1256b26).

29 Cicero, De officiis 1,36 (De officiis/Vom pflichtgemäßen Handeln. Lateinisch – Deutsch, übersetzt, kommentiert und herausgegeben von *Heinz Gunermann*, Stuttgart 2007, 34 f.). *Keller*, Cicero und der gerechte Krieg (s. Anm. 28), 59, kann mit Blick auf eine inhaltlich in dieselbe Richtung orientierte Stelle aus einer anderen Cicero-Schrift plausibel machen, dass beide Gerechtigkeitsbedingungen (Schadenersatz; Androhung und Erklärung) als „kopulativ miteinander verbunden" gelesen werden müssen: „für Schadenersatz […] und nach Androhung und Erklärung". Vgl. auch: *Helga Botermann*, Ciceros Gedanken zum „gerechten Krieg" in de officiis 1,34–40, in: Archiv für Kulturgeschichte 69, 1987, 1–29.

30 Vgl. *Jensen*, Krieg um des Friedens willen (s. Anm. 27), 76–79.

Krieges"³¹ haben, so gilt doch zugleich, worauf Wilfried Härle mit Recht hingewiesen hat, dass bei Augustinus erstmals der Begriff des gerechten *Friedens* verwendet wird.³² Wem die Unterordnung unter Gott verhasst ist und wer dem Nebenmenschen seine Herrschaft an Stelle Gottes aufdrängen will, der, so heißt es beim Bischof von Hippo, „haßt den gerechten Frieden Gottes und liebt seinen eigenen ungerechten Frieden" („Odit [...] iustam pacem Dei et amat iniquam pacem suam").³³

Wie ist der Zusammenhang zwischen gerechtem Frieden und gerechtem Krieg gestaltet? In Weiterführung der bereits bei Cicero greifbaren Betonung einer Vorrangigkeit des Friedens hebt Augustinus die Erstrangigkeit des (irdischen) Friedens unter den natürlichen Gütern der Menschen hervor. Diese Erstrangigkeit beruht darauf, dass nach Augustinus alles Diesseitige seinen Wert aus der Hinordnung auf das Jen-

---

31 *Aaron Looney*, Die Lehre vom gerechten Krieg im frühen Christentum: Augustinus, in: Handbuch Friedensethik, hg. von *Ines-Jacqueline Werkner* und *Klaus Ebeling*, Wiesbaden 2017, 225–237 (Hervorh. RL).

32 Vgl. *Wilfried Härle*, Zielperspektive: Gerechter Friede, in: Für Ruhe in der Seele sorgen. Evangelische Militärpfarrer im Auslandseinsatz der Bundeswehr, hg. im Auftrag des Evangelischen Militärbischofs durch das Evangelische Kirchenamt für die Bundeswehr, Bonn. Verantwortlich: *Peter Michaelis*, Leipzig 2003, 17–24, 18.

33 *Augustinus*, De civitate dei XIX 12; lateinische Formulierung: CChr.SL 48, 677, Zeilen 89 f. (Vom Gottesstaat. Aus dem Lateinischen übertragen von Wilhelm Thimme. Eingeleitet und kommentiert von Carl Andresen, Bd. 2: Buch 11 bis 22, München ⁴1997, 550). *Wolfgang Huber*, Rückkehr zur Lehre vom gerechten Krieg? Aktuelle Entwicklungen in der evangelischen Friedensethik, in: ZEE 49, 2005, 113–130, 118, hat im Anschluss an Härle festgehalten, dass „dass ausgerechnet der theologische Begründer der Lehre vom gerechten Krieg, nämlich Augustinus, auch den Begriff des ‚gerechten Friedens' geprägt hat".

seitige bezieht und eben „auch das jenseitig höchste Gut der Frieden ist [...], weil Gott selbst (auch) Frieden ist bzw. sein wird".[34] Es ist also notwendig, den irdischen Frieden zu wahren, um das diesseitige Leben auf Gottes gerechten Frieden als das eschatische Jenseitsgut hinordnen zu können. Allerdings besteht nach Augustinus zwischen irdischem und jenseitigem Frieden – ungeachtet des Hinordnungsverhältnisses – eine kategoriale Differenz. Deren Betonung dient ihm dazu, „die Profanität und Relativität der empirischen Staaten" herauszustellen und jede „Identifikation irgendeines äußeren, irdischen Reiches und sei es eines von Christen regierten mit der *civitas dei*" zu verunmöglichen.[35] Wichtig für den Vergleich mit der gleich exemplarisch zu skizzierenden mittelalterlichen Tradition ist noch: Aufgrund dieser Identifikationsverweigerung „lehnt Augustinus Religionskriege, Gotteskriege und heilige Kriege ab".[36]

Während nun der Hinordnungsgrundsatz eine Bewahrung des irdischen Friedens nötig macht, verweist die Feststellung einer kategorialen Differenz zwischen irdischem und jenseitigem Frieden darauf, dass die Bewahrungsmaßnahmen unter diesseitigen Bedingungen niemals an ein Ende kommen; der gerechte Frieden kann niemals ein irdisches Gut werden. Und deshalb attestiert Augustinus der Forderung nach Gewaltverzicht eine Ignoranz der „Bedingungen

---

34 Timo J. Weissenberg, Die Friedenslehre des Augustinus. Theologische Grundlagen und ethische Entfaltung, Stuttgart 2005 (Theologie und Frieden 28), 283.

35 A. a. O., 369. 450.

36 Looney, Die Lehre vom gerechten Krieg im frühen Christentum (s. Anm. 31), 235; vgl. Weissenberg, Die Friedenslehre des Augustinus (s. Anm. 34), 450 Anm. 98.

der postlapsarischen Welt" und hält dagegen fest, dass „Christsein und soldatischer Beruf vereinbar sind".[37] Der Hinordnungsgrundsatz macht allerdings nicht nur eine Bewahrung des irdischen Friedens nötig, sondern restringiert zugleich erheblich die Möglichkeiten der Kriegführung: „Wenn Gott, das *summum bonum*, gewissermaßen mit dem ewigen Frieden der *civitas dei* identisch ist [...] und der zeitliche Friede, sofern er Friede ist, sich aus diesem Frieden der *civitas dei* herleitet und auf das Erreichen der *civitas dei* hingeordnet ist [...], dann kann ein Krieg, wenn überhaupt, nur in strikt begrenzten Ausnahmefällen gerechtfertigt sein [...]. Diese besonderen Gründe nun liegen in jedem Fall außerhalb einer interessengeleiteten (Macht)Politik von Staaten."[38]

1.2 Zur mittelalterlichen Tradition

Vor der Darstellung der reformatorischen Friedensethik soll – exemplarisch für die mittelalterliche Tradition – die Lehre des Thomas von Aquin zur Erlaubtheit der Anwendung militärischer Gewalt skizziert werden. Dabei geht es zunächst um die Kriterien, die erfüllt sein müssen, damit ein Krieg als gerecht gelten kann.[39] Bekanntlich werden in Thomas' Denken zwei „überaus wirkmächtige Traditionen" synthetisiert: „zum einen die paradigmatisch bei Augustinus formulierte [...] christlich-moraltheologische Position, zum andern die zu Thomas' Zeit gerade erst wiederentdeckte moralphilosophische und politische Theorie des Aristoteles." Namentlich der Anschluss an die aristotelische Tradition ließ bei der Behand-

---

37 A. a. O., 387 f.
38 A. a. O., 399.
39 Vgl. Rochus Leonhardt, Ethik, Leipzig 2019 (Lehrwerk Evangelische Theologie 6), 566 f.

lung der Kriegsthematik „stärker als zuvor naturrechtliche und politische Perspektiven in den Blick" kommen,[40] die allerdings bei Thomas mit biblisch-theologischen Argumenten verbunden sind.

Den systematischen Ort der thomanischen Lehre vom gerechten Krieg – die folgenden Hinweise beschränken sich auf die „Summa Theologiae", das theologische Spät- und Hauptwerk des Thomas – bildet der umfangreiche Traktat über die eingegossene theologische Tugend der Gottesliebe (caritas: STh II–II 23–46). Dabei wird der Frieden (pax) neben Freude (gaudium) und Barmherzigkeit (misericordia) als eine der innerlichen Wirkungen des Liebesvollzugs (dilectio) bestimmt. Zu den dem Frieden entgegenstehenden Sünden gehören die auf das Herz bezogene Zwietracht (discordia), der auf den Mund bezogene Streit (contentio) und schließlich vier werkhafte Sünden: Spaltung (schisma), Zank (rixa), Aufruhr (seditio) und schließlich Krieg (bellum: STh II–II 40). Innerhalb der Behandlung des Krieges tauchen dann die einschlägigen Kriterien dafür auf, dass ein Krieg nicht als Sünde, sondern als gerecht gelten kann.

> „Zu einem gerechten Krieg sind drei Dinge erforderlich. Erstens die Autorität des Fürsten, auf dessen Befehl hin der Krieg zu führen ist. Denn es ist nicht Sache einer Privatperson, einen Krieg zu veranlassen, weil diese ihr Recht vor dem Gericht des Vorgesetzten verfolgen kann. Ebenfalls weil es nicht Sache der Privatperson ist, eine Menge zusammenzurufen, was in Kriegen geschehen muss. Weil aber die Sorge für das Gemeinwesen den Fürsten anvertraut ist, ist es auch ihre Sache, die öffentliche Ordnung der ihnen unterstehenden Stadt oder des Königreiches oder einer Provinz zu schützen. [...] Zweitens muss ein gerechter Grund vorliegen, weil nämlich diejenigen, die bekämpft

---

40 Marko J. Fuchs, Die Lehre vom gerechten Krieg im Mittelalter: Thomas von Aquin, in: Handbuch Friedensethik (s. Anm. 31), 239–249, 240.

werden, den Angriff aufgrund einer Schuld verdient haben müssen. [...] Drittens wird verlangt, dass die Absicht der Kriegführenden recht ist, dass also intendiert wird, entweder das Gute zu mehren oder das Böse zu meiden" (STh II–II 40,1 corp. art.; Übersetzung: Rochus Leonhardt).[41]

Die zitierten Formulierungen – das corpus articuli des ersten Artikels aus STh II–II 40 – haben dadurch eine reiche Wirkungsgeschichte entfaltet, dass sie in der Friedens- bzw. Kriegsethik der spanischen Spätscholastik als maßgeblicher Referenztext galten und eingehend erörtert und ausgelegt wurden (vgl. Abschnitt 2.4).[42] Im Hintergrund stand dabei die Verdrängung der „Sententiae in quattuor libros distinctae" des Petrus Lombardus aus dem akademischen Unterricht zugunsten der „Summa Theologiae" des Thomas.

Allerdings hat Gerhard Beestermöller in seiner an der Philosophisch-Theologischen Hochschule Sankt Georgen eingereichten Dissertation – sie gilt als die „im deutschen Diskurs immer noch einschlägige Studie zur Problematik des gerechten Krieges bei Thomas"[43] – darauf hingewiesen, dass eine Beschränkung auf STh II–II 40 ein unvollständiges Bild der Auffassung des Aquinaten liefert. Diese Beschränkung führe nämlich dazu, dass die zitierten drei „Bedingungen als äußerst abstrakte Grundforderungen erscheinen, die ein gerechter Krieg zu allen Zeiten erfüllen muß und die keines

---

41 Vgl. Thomas von Aquin, Die Liebe, 2. Teil. Klugheit (s. Anm. 23), 82–87 (Text). 371 (Anmerkungen). 441–454 (Kommentar).
42 Vgl. dazu: Kann Krieg erlaubt sein? Eine Quellensammlung zur politischen Ethik der Spanischen Spätscholastik, hg. von Heinz-Gerhard Justenhoven und Joachim Stüben, Stuttgart 2006 (Theologie und Frieden 27).
43 So urteilt Fuchs, Die Lehre vom gerechten Krieg im Mittelalter (s. Anm. 40), 248.

Bezugs zu den konkreten ethischen Problemen bedürfen, die der Krieg im 13. Jahrhundert aufwarf".[44] – Ohne Anspruch auf Vollständigkeit seien im Folgenden zwei Textzusammenhänge angesprochen, an denen deutlich wird, was die abstrakten Grundforderungen aus STh II–II 40,1 in der konkreten Lage des 13. Jahrhunderts bedeuten konnten.

An erster Stelle ist Thomas' Auffassung zum Umgang mit religiös Andersdenkenden zu erwähnen. Diese Frage wird ventiliert im Kontext der Ausführungen zur eingegossenen theologischen Tugend des Glaubens (fides: STh II–II 1–16), konkret: im Zuge der Behandlung der Sünde des Unglaubens (infidelitas: STh II–II 10). Wichtig ist hier, wie Thomas mit der Frage umgeht, ob Ungläubige eine obrigkeitliche Stellung bzw. eine Herrschaftsgewalt über Gläubige besitzen können (STh II–II 10,10). In seiner ausführlichen Antwort unterscheidet er den Fall einer schon bestehenden Herrschaft von Ungläubigen über Gläubige vom Fall einer „Herrschaftsstellung oder Überordnung von Ungläubigen gegenüber Gläubigen, die neu eingeführt werden soll".[45] Zum ersten Fall: Im Blick auf ungläubige (also nicht-christliche) Obrigkeiten, „die außerhalb des christlichen Herrschaftsbereiches leben" und in einer Lage, in der die Herrschaft von Nicht-Christen „über Christen schon vor deren Bekehrung existierte",

> gibt es nach Thomas „keinen gerechten Grund, einen Krieg zu führen, um die schon bestehende Herrschaft eines Heiden abzuschaffen.

---

44 *Gerhard Beestermöller*, Thomas von Aquin und der gerechte Krieg. Friedensethik im theologischen Kontext der Summa Theologiae, Köln 1990 (Theologie und Frieden 4), 13.

45 *Thomas von Aquin*, Glaube als Tugend (Summa Theologiae II–II 1–16), kommentiert von *A. Friedolin Utz*, Heidelberg/München/Graz/Wien/Salzburg 1950 (Deutsche Thomas-Ausgabe 15), 220.

Denn es ist zu befürchten, daß auf diese Weise dem weltweit angelegten Frieden der respublica fidelium mehr geschadet als genutzt wird." – „Die Abschaffung einer solchen Herrschaft könnte nämlich das Gut der Bekehrung der Ungläubigen gefährden."[46]

Anders verhält es sich im zweiten Fall. Das Neuerrichten einer Herrschaft von Ungläubigen über Gläubige „kann auf keine Weise gestattet werden. Denn es würde zum Ärgernis und zur Gefährdung des Glaubens führen.[47] Hier besteht nun nach Thomas

> „eine causa iusta für einen gerechten Krieg, durch den die Heiden von weiteren Sünden abgehalten und der ungestörte Frieden der Christen vor Gott verteidigt werden sollen. [...] In diesen Sätzen übernimmt die Summa die Begründung der Kreuzzugsbewegung und der spanischen Reconquista durch die Kirche. Die Kreuzzüge wurden als Befreiungsaktion für die Christen legitimiert, die durch ungerechte Eroberungen unter heidnische Herrschaft geraten waren."[48]

An zweiter Stelle ist ein Blick auf Thomas' Ständelehre zu werfen. Sie umfasst die Texteinheit STh II–II 183–189, die wiederum im Zusammenhang mit der Lehre von den beiden menschlichen Lebensformen steht (beschauliches und tätiges Leben; STh II–II 179–182). Bereits in STh II–II 40,2 hatte Thomas festgehalten, dass (1. grundsätzlich) Klerikern die direkte Beteiligung an kriegerischen Handlungen (bellica exercitia) untersagt ist, dass aber (2. ungeachtet dessen) eine Teilnahme kirchlicher Amtsträger am Krieg möglich ist, „nicht um mit eigener Hand zu kämpfen, sondern um in der rechten Weise den Kämpfenden mit ihrem Zuspruch (exhortatio) und ihrer Lossprechung (absolutio), und was dergleichen geistliche Hil-

---

46 Beestermöller, Thomas von Aquin und der gerechte Krieg (s. Anm. 44), 180 f.
47 Thomas von Aquin, Glaube als Tugend (s. Anm. 45), 220.
48 Beestermöller, Thomas von Aquin und der gerechte Krieg (s. Anm. 44), 183 f.

fen mehr sind, beizustehen".[49] – Man kann nun „davon ausgehen, daß mit der geistlichen Ermunterung für die Kämpfenden auch der Kreuzzugsablaß" gemeint ist.[50] Wenn aber „das Gelübde der Kreuzfahrt mit einem Ablaß bedacht wird, so lag die Folgerung nahe, dass nicht nur die Kreuzfahrt selbst, sondern auch der Kampf ein verdienstliches Werk sei".[51] Dies ist nach Thomas in der Tat der Fall. In STh II–II 188,3 nämlich hält er ausdrücklich fest, dass es angemessen (*conveniens*) sein kann, „einen Orden zu gründen für den Kriegsdienst, zwar nicht um einer weltlichen Sache willen, sondern um der Verteidigung des Gottesdienstes und des öffentlichen Heiles (*salus publica*) willen oder auch zum Heile der Armen und Unterdrückten".[52] Sofern der Ordensstand insgesamt eine Handlungsform (*exercitium*) ist, „kraft derer jemand sich in der vollkommenen Liebe (*perfectio caritatis*) übt",[53] kann auch ein zum Zwecke des Kriegsdienstes gegründeter Orden den Rahmen für ein auf die Vollkommenheit der Liebe ausgerichtetes Leben bilden; diese Ausrichtung kommt also auch dem Leben derer zu, „die den Auftrag erhalten, zum Schutze des heiligen Landes in den Krieg zu ziehen".[54]

Thomas hat also seine in STh II–II 40,1 formulierten abstrakten Grundforderungen, bei deren Erfüllung ein gerechter Krieg gegeben ist, so konkretisiert, dass unter bestimmten

---

49 STh II–II 40,2 ad2: *Thomas von Aquin, Die Liebe*, 2. Teil (s. Anm. 23), 91.
50 *Beestermöller, Thomas von Aquin und der gerechte Krieg* (s. Anm. 44), 103.
51 *Bernward M. Dietsche*, Kommentar, in: *Thomas von Aquin, Stände und Standespflichten (Summa Theologiae II–II 183–189)*, Heidelberg/München/Graz/Wien/Salzburg 1952 (Deutsche Thomas-Ausgabe 24), 339–486, 441.
52 STh II–II 188,3 corp.art.: *Thomas von Aquin, Stände und Standespflichten* (s. Anm. 51), 201.
53 STh II–II 188,1 corp.art.: a. a. O., 192.
54 STh II–II 188,3 ad4: a. a. O., 203.

Voraussetzungen auch religiös motivierte kriegerische Handlungen (*exercitia bellica*) gerecht sein können. In seiner Konkretion spiegelt sich die historische Realität des 13. Jahrhunderts: Während der Lebenszeit des Thomas (1224/25–1274) fanden drei Kreuzzüge statt, einer unter der Leitung Ludwigs (IX.) des Heiligen von Frankreich (König von 1226 bis 1270), zu dem, wenn die entsprechenden Ausführungen Wilhelms von Tocco historisch zuverlässig sind, Thomas persönliche Beziehungen gepflegt haben soll.[55] Diese für das Hochmittelalter selbstverständliche Legitimation religiös motivierter Gewalt wurde im Horizont der Reformation – zunächst auf programmatischer Ebene – einer nachdrücklichen Kritik unterzogen (vgl. Abschnitt 2.2).

2. Martin Luthers Friedensethik im frühneuzeitlichen Kontext

2.1 Theologische Voraussetzungen

Die reformatorische Theologie hat die überlieferte christliche Ethik revolutioniert. Bereits Karl Holl hatte Luther einen „Neubau der Sittlichkeit" zugeschrieben.[56] Gut sechzig Jahre später hat Gerhard Ebeling von „Luthers Kampf gegen die

---

[55] *Wilhelm von Tocco*, Das Leben des heiligen Thomas von Aquino, in: Das Leben des heiligen Thomas von Aquino erzählt von Wilhelm von Tocco und andere Zeugnisse zu seinem Leben, übertragen und eingeleitet von *Willehad Paul Eckert*, Düsseldorf 1965 (= Leipzig 1967), 79–176. Hier wird (im 5. Kapitel) kolportiert, dass „er [scil. Ludwig der Heilige] in schwierigen Dingen immer den Rat des Lehrers [scil. des Thomas] erbat" (a. a. O., 132); das 43. Kapitel berichtet, Thomas sei von Ludwig „zu Tisch eingeladen" worden und dieser Einladung auch gefolgt (a. a. O., 141).

[56] *Karl Holl*, Der Neubau der Sittlichkeit (1919), in: *ders.*, Gesammelte Aufsätze zur Kirchengeschichte I: Luther, Tübingen ⁶1932, 155–287.

Moralisierung des Christlichen" gesprochen und in dem so betitelten Aufsatz beim Wittenberger Reformator „eine Art kopernikanischer Wende im Verständnis des Ethischen" diagnostiziert.[57] Was damit konkret gemeint ist, soll im Folgenden dargestellt werden.[58]

Im Horizont der spätmittelalterlichen Frömmigkeitskultur, durch die Luther geprägt wurde,[59] galt als das Ziel der christlichen Existenz die die ewige Seligkeit garantierende Gottesschau nach diesem Leben. Dabei war es dem Menschen aufgegeben, sich dieses sein Heil durch seine geschöpfliche Eigentätigkeit anzueignen. Unstrittig war allerdings, dass diese Eigentätigkeit ohne die göttliche Gnade ihr Ziel verfehlen würde. Klärungsbedürftig war aber das genaue Verhältnis zwischen der Priorität und Unverzichtbarkeit der Gnade einerseits und der menschlichen Eigentätigkeit andererseits. Den maßgeblichen theologischen Rahmen der damit befassten Überlegungen bildete die hochmittelalterliche Verbin-

---

57 *Gerhard Ebeling*, Luthers Kampf gegen die Moralisierung des Christlichen (1983), in: Lutherstudien III (Begriffsuntersuchungen – Textinterpretationen – Wirkungsgeschichtliches), Tübingen 1985, 44–73, 70.

58 Vgl. *Rochus Leonhardt*, Glaube und Werke. Zur Aktualität einer reformatorischen Unterscheidung für die evangelische Ethik, in: Die lutherischen Duale. Gesetz und Evangelium, Glaube und Werke, Alter und Neuer Bund, Verheißung und Erfüllung. Im Auftrag der Vereinigten Evangelisch-Lutherischen Kirche Deutschlands (VELKD) herausgegeben von *Christine Axt-Piscalar* und *Andreas Ohlemacher*, Leipzig 2021, 73–127, 100–114; ders./ *Renate Penßel*, Die evangelische Friedensethik, das Völkerrecht und Confessio Augustana 16, in: Zeitschrift für evangelisches Kirchenrecht 67, 2022, 113–145, 117–120.

59 Eine ausführliche Darstellung von Luthers bildungs- und frömmigkeitsgeschichtlichem Hintergrund bietet *Andreas Stegmann*, Luthers Auffassung vom christlichen Leben, Tübingen 2014 (Beiträge zur Historischen Theologie 175), 26–138.

dung von augustinischer Gnadentheologie und aristotelischer Tugendethik, wie sie bei Thomas von Aquin paradigmatisch realisiert war. Die gnadentheologisch fundierte Betonung der Alleinwirksamkeit Gottes (Augustinus) war hier verknüpft mit der Annahme einer menschlichen Kompetenz zur Kultivierung glücks- bzw. seligkeitsdienlicher Handlungsformen (Aristoteles).

Speziell im Blick auf den *spätmittelalterlichen* Hintergrund des Lutherschen Denkens lässt sich ergänzen: Ungeachtet der dem augustinischen Erbe geschuldeten Überzeugung, nach der sich der Mensch die Gnade Gottes weder aus eigenen Kräften verdienen noch zu ihrer Erlangung beitragen kann, artikulierte sich zunehmend das Interesse, den ernsthaften Wunsch nach Überwindung der Sünde und Orientierung auf Gott theologisch positiv zu werten. Daraus ergab sich schließlich die Tendenz, das Bemühen des Menschen um eine Ausrichtung an den Geboten Gottes als nicht hinreichende, wohl aber notwendige Voraussetzung der Gnadenerlangung zu verstehen. – Denen, die ihr Bestes geben, wird Gott die Gnade nicht vorenthalten *(facientibus quod in se est Deus non denegat gratiam)*: Dieser Grundsatz avancierte im 14. und 15. Jahrhundert zu einem viel behandelten gnadentheologischen Axiom; faktisch wurde damit „der Gnadenempfang an die natürlichen Möglichkeiten des Menschen gebunden".[60]

Diese Anerkennung des menschlichen Bemühens um eine Ausrichtung an den Geboten Gottes stärkte *zunächst* die Plausibilität der überlieferten Zwei-Stufen-Ethik. Festgehal-

---

60 Karl-Heinz zur Mühlen, Reformatorische Vernunftkritik und neuzeitliches Denken. Dargestellt am Werk M. Luthers und Fr. Gogartens, Tübingen 1980 (Beiträge zur Historischen Theologie 59), 138.

ten wurde darin der „Dualismus einer einfachen und einer höheren Religiosität, die im Laienstand einerseits und im Ordenstand andererseits ihre Lebensform hat".[61] Dabei beruhte die – in der oben erwähnten Ständelehre des Thomas dargestellte und begründete – Höherstufung des Ordenslebens darauf, dass die mit dem Eintritt in eine Ordensgemeinschaft verbundene Selbstverpflichtung auf die sog. evangelischen Räte (Armut, Keuschheit, Gehorsam) den ernsthaften Wunsch nach Überwindung der Sünde signalisierte und ein überdurchschnittliches Maß an Gottesliebe indizierte. Das Mönchtum erschien angesichts dessen als eine Lebensform, der gegenüber der einfachen Religiosität einer durchschnittlichen christlichen Existenz ein höheres Maß an Verdienstlichkeit zukam.

Als eine weitere Folge kann die Aufwertung der Institution Kirche und ihrer Amtsträger gelten. Letztere galten als Fachleute für eine der Heilserlangung förderliche christliche Lebensführung und waren überdies dazu autorisiert, den Gläubigen die göttliche Gnade durch die Sakramente mitzuteilen (Taufe, Firmung, Eucharistie) und die durch den Rückfall in die Sünde verlorene Gnade zu restituieren (Buße, Krankensalbung/letzte Ölung). Eine besonders prominente Rolle spielte das Bußsakrament, zu dem auch die Praxis des sog. Ablasses gehörte, also die kirchlich autorisierte Befreiung von zeitlichen Sündenstrafen; bekanntlich bildeten bestimmte Auswüchse der Ablasspraxis den unmittelbaren Anlass der Reformation.

In diesem frömmigkeitskulturellen Umfeld suchte Luther nach Heilsgewissheit. Er versuchte, sie dadurch zu er-

---

61 Reinhard *Schwarz*, Martin Luther. Lehrer der christlichen Religion, Tübingen ²2016, 140.

langen, dass er die damals zur Verfügung stehenden Möglichkeiten einer kirchlich flankierten Optimierung der persönlichen Heilschancen umfassend ausschöpfte: Er ging ins Kloster und unterzog sich der Ordensdisziplin mit exemplarischer Ernsthaftigkeit. Dieser Weg erwies sich allerdings aus zwei Gründen als aporetisch. Luther wurde *einerseits* darauf aufmerksam, dass sich der im Horizont der spätmittelalterlichen Frömmigkeitskultur agierende Mensch beim Tun des Guten von dem Bemühen um die Sicherung und Steigerung des eigenen Gnadenstandes leiten ließ. Solange er Gutes tut, um Gott zu gefallen, bleibt deshalb seine Gottesliebe durch sündigen Heilsegoismus kontaminiert; darin besteht die „Schattenseite" der sogenannten guten Werke. Luther wurde *andererseits* vom Bewusstsein der prinzipiellen Ungenügendheit auch der besten menschlichen Werke gegenüber dem Anspruch Gottes geplagt. – Das Ergebnis des Versuchs der Erlangung von Heilsgewissheit war daher die Einsicht, dass die im Rahmen der spätmittelalterlichen Frömmigkeitskultur zur Verfügung stehenden Möglichkeiten ihren Zweck verfehlen. Für den, der sie nutzt und dabei zugleich ungeschminkt auf sich selbst schaut, stellt sich deshalb gerade keine Heils-, sondern, im Gegenteil, *Verwerfungsgewissheit* ein.

Den Ausweg aus diesem Dilemma fand Luther durch seine Beschäftigung mit dem biblischen Begriff der Gerechtigkeit Gottes. In Abgrenzung von der scholastischen Tradition mit ihrer Tendenz zur *Verbindung* zwischen aristotelisch-philosophischem und biblischem Gerechtigkeitsverständnis betonte er den Gegensatz zwischen den beiden Konzepten: *Im zwischenmenschlichen Bereich* besteht (die distributive) Gerechtigkeit darin, dass jeder erhält, was ihm aufgrund seiner durch Leistung erworbenen Ansprüche zusteht. *Nach biblischem Verständnis* dagegen meint „Gerechtigkeit Gottes" die – im Christusgeschehen manifeste – barmherzig-gnädige Annahme des Menschen, der angesichts und trotz seiner Unfähigkeit zur umfassenden Ausrichtung seiner Existenz auf Gott von diesem gerechtfertigt, d. h. als gerecht (und damit als heilswürdig) betrachtet wird.

Aus diesen theologischen Vorentscheidungen ergab sich, dass die moralische Exzellenz des christlichen Weltlebens, ungeachtet ihrer zugestandenen Bedeutung für das *irdische Wohl, nicht heilsrelevant* war. Das hieß aber zugleich: Auch kirchlicherseits als heilszuträglich approbierte „gute Werke" und selbst die Wahl einer traditionell als besonders verdienstlich geltenden Lebensform konnten in Wahrheit Manifestationen der menschlichen Sünde sein. Dass damit die überlieferte christliche Ethik in der Tat revolutioniert wurde, wird daran erkennbar, dass nun der bis dahin angenommene Zusammenhang zwischen Religion und Moral relativiert und auf eine kirchlich-gesetzliche Regulierung des christenmenschlichen Lebenswandels erst einmal grundsätzlich verzichtet wurde.[62] An die Stelle der mittelalterlichen Unterscheidung menschlicher Lebensformen im Blick auf ihre Verdienstlichkeit vor Gott trat deshalb die Feststellung, dass die zwischen den Menschen bestehenden Unterschiede in den irdischen Lebensvollzügen keine Unterschiede in der Geltung vor Gott bedeuten. Die im Heilsgewissheits-Glauben implizierte motivationale Ausschaltung der Verdienstlichkeits-Reflexion führte dann, so hat es Luther gesehen, zu einer Orientierung des christlichen Handelns an der tatsächlichen Bedürftigkeit des Nächsten. – Das in der Wittenberger

---

62 Im Rahmen der lutherischen Lehrentwicklung zwischen 1548 und 1577/80 wurde das Verhältnis von Religion und Moral eingehend und höchst kontrovers diskutiert; vgl. *Leonhardt*, Glaube und Werke (s. Anm. 58), 77–99.

Reformation ausgebildete Nächstenliebe-Verständnis war insofern zwar weiterhin *theologisch* (genauer: *rechtfertigungs*theologisch) *fundiert*, aber genau dieses theologische Fundament führte im Blick auf die *inhaltliche Konkretion* dessen, worin Nächstenliebe jeweils besteht, zu einer Art „Säkularisierung"; denn Gott war als direkter „Adressat" christenmenschlicher Moralität ausgefallen, weil dessen Wohlwollen gegenüber dem Menschen nicht als abhängig von der Qualität der menschlichen „Werke" galt.

Aus dieser „Säkularisierung" ergab sich die für die reformatorische Moraltheorie signifikante *Hochschätzung des Weltengagements als Realisierungsgestalt christlicher Nächstenliebe*. Diese Pointierung ist gemeint, wenn etwa Andreas Stegmann – im Anschluss an eine Formulierung von Oswald Bayer – die „Bekehrung zur Welt" als das Spezifikum von Luthers Ethik namhaft gemacht hat.[63] Die reformatorische Hochschätzung des Weltengagements, der zufolge die irdischen Lebensstrukturen das Betätigungsfeld christlicher Nächstenliebe bilden, implizierte eine Positiv-Wertung der weltlichen Ordnungen. Dabei wurde keinesfalls die unüberwindbare Sündenverfallenheit alles Irdischen vergessen. Zwar erhoffte namentlich der frühe Luther durchaus eine „Verchristlichung des sozialen Lebens [...] durch die langsam und aus den Herzen herausstrahlende Gewalt schenkender Liebe".[64] Aufgrund der von ihm wahrgenommenen Persis-

---

63 Vgl. *Stegmann*, Luthers Auffassung vom christlichen Leben (s. Anm. 59), 9 f. mit Anm. 24; ferner: *ders.*, „Bekehrung zur Welt" – Zur Gegenwartsbedeutung von Luthers Ethik. Dankesrede anlässlich der Verleihung des Martin-Luther-Preises für den wissenschaftlichen Nachwuchs am 26. September 2014 in der Schlosskirche Wittenberg, in: Luther 86, 2015, 114–119.

64 *Wilhelm Maurer*, Historischer Kommentar zur Confessio Augustana. Bd. 1: Einleitung und Ordnungsfragen, Gütersloh 1976, 175.

tenz der Sünde war er aber, je älter er wurde, desto weiter davon entfernt, „den religiösen Menschen, den Menschen des Glaubens, heimisch und zufrieden zu machen in dieser Welt und ihm etwa zu sagen, dass er am Bau des Reiches Gottes auf Erden in dienender Liebe sein Genüge und sein Ideal finden soll".[65] Diese „Weltfremdheit" fand ihren Ausdruck in Luthers eschatologischem Denken, das ihn, geleitet von der Auffassung, dass „seine Zeit die letzte sei", die „Hoffnung auf das baldige Zerbrechen der durch die Folgen der Sünde korrumpierten irdischen Ordnung" hat fassen lassen. Allerdings, und das ist insbesondere für Luthers politische Ethik (einschließlich seiner Friedensethik) wichtig, „hat die Fixierung der Gedanken Luthers auf das Ende niemals einen Indifferentismus zur Folge; die Eschatologie wirkt nicht handlungslähmend. [...] Die Naherwartung schließt prinzipiell die Arbeit des Menschen und die Daseinsfürsorge nicht aus",[66] zumal die irdischen Lebensstrukturen, so korrumpiert sie sein mögen, immer auch als von Gott zum Wohl und Nutzen des Menschen eingerichtete Erhaltungsordnungen aufgefasst wurden, an deren Bewahrung mitzuwirken als christliche Nächstenliebe-Pflicht galt.

Das skizzierte Nebeneinander von eschatologisch motivierter „Weltfremdheit" einerseits und Pflicht zur Mitarbeit an der Bewahrung der göttlichen Erhaltungsordnungen andererseits führte zu einer Art „Zweigleisigkeit" des christli-

---

65 *Adolf von Harnack*, Lehrbuch der Dogmengeschichte, Bd. 3: Die Entwickelung des kirchlichen Dogmas II/III, 4., neu durchgearbeitete und vermehrte Auflage, Darmstadt 1910, 831.

66 *Eike Wolgast*, Die Wittenberger Theologie und die Politik der evangelischen Stände. Studien zu Luthers Gutachten in politischen Fragen, Gütersloh 1977 (Quellen und Forschungen zur Reformationsgeschichte 47), 26 f.

chen Lebensvollzugs. Einerseits kann sich der im Glauben seines Heils gewisse Christ bereits hier und jetzt als Teilhaber am geistlichen Reich Christi verstehen. Andererseits lebt er faktisch (noch) in einer vom Reich Christi unterschiedenen und höchst ambivalenten – weil durch die Folgen der Sünde korrumpierten – Welt. Diese „Zweigleisigkeit" des christlichen Lebensvollzugs nötigt die Christen zu einer Differenzierung der beiden Bezüge. Diese Differenzierung ist das Thema der reformatorischen Lehre von den zwei Reichen („Zwei-Reiche-Lehre") bzw. der Lehre von den zwei Regierweisen (Regimenten) Gottes („Zwei-Regimenten-Lehre"), die den Hintergrund von Luthers Friedensethik bildet.

2.2 Ethische Grundlagen

Luthers „Zwei-Regimenten-Lehre", die Lehre von den zwei Regierweisen Gottes, geht davon aus, dass die Menschen in ihrem Denken und Handeln auf zweierlei Weise durch zwei verschiedene Instanzen gesteuert werden. Beide Instanzen agieren gleichermaßen im Auftrag Gottes. Die erste Instanz, das geistliche Regiment, wird durch die Repräsentanten der kirchlichen Verkündigung vertreten. Diese versuchen mit Hilfe des in der Predigt verkündigten Wortes Gottes, die Menschen zum Rechtfertigungsglauben zu bewegen, sie also von den eben (in Abschnitt 2.1) dargestellten theologischen Grundentscheidungen der reformatorischen Theologie zu überzeugen. Es ist nach Luther nicht zu erkennen oder zu erwarten, dass diese Aufgabe einmal 100%ig erledigt sein, dass es also in absehbarer Zeit nur noch wahre Christen und keine Sünder mehr geben wird. Vielmehr werden ungeachtet aller geistlichen Überzeugungsversuche viele Menschen Sünder bleiben, so dass mit einer dauerhaften Koexistenz von wahren Christen und Sündern zu rechnen ist. Die zweite Instanz, das weltliche Regiment, wird vertreten durch die Repräsentanten der weltlichen Obrigkeit; heute würde man von politischen Verantwortungsträgern reden. Und diese haben die Aufgabe, die innere und äußere Sicherheit des politischen Gemeinwesens – vom „Staat" im heutigen Verständnis kann für das 16. Jahrhundert noch keine Rede sein[67] – zu gewährleisten. Irritiert wird diese Sicherheit regelmäßig durch solche Personen, bei denen die Predigt des Evangeliums fruchtlos geblieben ist. Und weil das Faktum der Koexistenz von wahren Christen und Sündern immer wieder zu Rechts- und Ordnungsverstößen seitens der Sünder führt, ist die Notwendigkeit des weltlichen Regiments ebenso auf Dauer gestellt wie die des geistlichen. Anders freilich als das geistliche zielt das weltliche Regiment nicht auf die Änderung von innerlichen Überzeugungen, sondern auf die Regulierung des äußerlichen Verhaltens; seine „Waffe" ist daher nicht das „Wort", sondern das „Schwert", also die Gewalt. Denn anders als durch Gewalt kann die Neigung der Sünder zu Rechts- und Ordnungsverstößen nicht ausgebremst werden. Diese Ausbremsung einschließlich einer Anwendung der Schwertgewalt ist aber nötig: sowohl dafür, dass die Menschen ein auskömmliches und gutes Leben führen können, als auch dafür, dass die Predigt des Evangeliums stattfinden kann. Die Anwendung der Schwertgewalt geschieht deshalb direkt im

---

67 Zwar gilt: „Einen ‚Staat' im heutigen Sinne kannte Luther nicht." Zugleich aber ist festzuhalten, dass „es auch zu Luthers Lebzeiten politische Organisationsformen gegeben hat, die das rechtliche, wirtschaftliche, soziale und religiöse Zusammenleben der Menschen nach innen regelten und nach außen verteidigten." (*Armin Kohnle*, Luthers „Staatsverständnis" in seinem historischen Kontext, in: *Rochus Leonhardt/Arnulf von Scheliha* [Hg.], „Hier stehe ich, ich kann nicht anders!" Zu Martin Luthers Staatsverständnis, Baden-Baden 2015 [Staatsverständnisse 82], 51–73, 51)

Namen Gottes, der die Obrigkeiten zur Bewahrung der weltlichen Ordnungen eingesetzt hat. – Gott, so heißt es entsprechend bei Luther,

> „hat zweierlei Regimente unter den Menschen aufgerichtet: Das eine ist geistlich, durch das Wort und ohne das Schwert – dadurch sollen die Menschen rechtschaffen und gerecht werden, so dass sie mit derselben Gerechtigkeit das ewige Leben erlangen. Und solche Gerechtigkeit bewirkt er durch das Wort, welches er den Predigern befohlen hat. Das andere ist ein weltliches Regiment durch das Schwert, damit diejenigen, die durch das Wort nicht rechtschaffen und gerecht werden wollen zum ewigen Leben, trotzdem durch dieses weltliche Regiment gezwungen werden, vor der Welt rechtschaffen und gerecht zu sein. Und diese Gerechtigkeit bewirkt er durch das Schwert. Und obwohl er diese Gerechtigkeit nicht mit dem ewigen Leben lohnen will, so will er sie dennoch haben, auf dass Friede unter den Menschen erhalten werde, und er belohnt sie mit zeitlichem Gut."[68]

Als ein wichtiger Leittext, in dem Luther seine „Zwei-Regimenten-Lehre" dargestellt hat, und zugleich als „das grundlegende und bedeutendste Dokument von Luthers politischer Ethik"[69] gilt aus guten Gründen die sog. Obrigkeitsschrift von 1523.[70] In dieser Publikation hat der Reformator – einer an ihn gerichteten Bitte Herzog Johanns folgend – die Quintessenz seiner am 24. und 25. Oktober 1522 in der Weimarer

---

[68] Martin Luther, Ob Soldaten in ihrem Beruf Gott gefallen können (= Ob Kriegsleute auch in seligem Stande sein können, 1526), in: ders., Deutsch-Deutsche Studienausgabe, Bd. 3: Christ und Welt, hg. von Hellmuth Zschoch, Leipzig 2016, 557–629 (Übertragung: Volker Stümke), 571,18-31.

[69] Martin Brecht, Martin Luther. Bd. 2: Ordnung und Abgrenzung der Reformation. 1521–1532, Stuttgart 1986, 122.

[70] Martin Luther, Von der weltlichen Obrigkeit: Wie weit man ihr Gehorsam schuldet (= Von weltlicher Obrigkeit, wie weit man ihr Gehorsam schuldig sei, 1523), in: ders., Deutsch-Deutsche Studienausgabe, Bd. 3 (s. Anm. 68), 217–289 (Übertragung: Hellmut Zschoch).

Schlosskirche gehaltenen zwei Predigten verschriftlicht. Hinzu kam ein konkreter Anlass: Georg der Bärtige, Reformationsgegner und Herzog des albertinischen Sachsen, hatte, unter Berufung auf das im Wormser Edikt vom 25. Mai 1521 enthaltene Verbot der Schriften des gebannten und geächteten Reformators, mit einem Mandat vom November 1522 den Kauf und den Verkauf von Luthers deutscher Übersetzung des Neuen Testaments verboten. Den Personen, die bereits erworbene Exemplare ablieferten, wurde die volle Erstattung des Kaufpreises zugesagt. In anderen Territorien, etwa in Nürnberg und in der Mark Brandenburg, gab es vergleichbare Bestimmungen.

Luthers Obrigkeitsschrift ist nicht zuletzt eine im Namen seines Obrigkeitsverständnisses vorgetragene Kritik an einer solchen Verbotspraxis.[71] Damit hängt zusammen, dass darin die Unterscheidung von weltlichem und geistlichem Regiment eine zentrale Rolle spielt: Nachdem im ersten Teil die Gottunmittelbarkeit und Unverzichtbarkeit der weltlichen Obrigkeit nachgewiesen wird und im Namen der Nächstenliebe Gehorsams- und Mitwirkungspflicht der Untertanen eingeschärft werden, geht es im zweiten Teil, der ein explizit als „Hauptsache dieser Abhandlung" ausgewiesenes Thema behandelt, um die Kompetenzbegrenzung der weltlichen Obrigkeit. Dies hatte Luther bereits ganz am Anfang seiner Schrift angekündigt (zwischen dem Widmungsbrief und dem Beginn des ersten Teils):

---

71 Vgl. dazu insgesamt: Rochus Leonhardt, Aufgaben und Grenzen weltlicher Staatlichkeit nach Luther, in: ders./von Scheliha (Hg.), „Hier stehe ich, ich kann nicht anders!" (s. Anm. 67), 75–114; ders., Religion und Politik im Christentum (s. Anm. 2), 131–150.

„Ich habe schon ein Büchlein an den deutschen Adel geschrieben und dargelegt, was sein christliches Amt und Werk ist. Aber wie sie sich danach gerichtet haben, liegt hinreichend vor Augen. Darum muss ich mir die Mühe machen und nun auch schreiben, was sie lassen und nicht tun sollen [...] Gott der Allmächtige hat unsere Fürsten verwirrt, so dass sie meinen, sie könnten alles, was sie wollen, tun und ihren Untertanen gebieten. [...] So ganz und gar sind die Fürsten verwirrt, dass sie nun angefangen haben, den Leuten zu gebieten, [...] zu glauben und für wahr zu halten, was die Fürsten ihnen vorschreiben. Damit setzen sie sich vermessen auf den Stuhl Gottes."[72]

Das hier greifbare *Unterscheidungs*interesse hat zur Betonung einer Unzuständigkeit der politischen Verantwortungsträger für die religiösen Orientierungen der Regierten geführt. Damit war eine Ablehnung jeder Form des Glaubenszwangs verbunden. Jene Legitimation religiös motivierter Gewalt, die in der mittelalterlichen Lehre vom gerechten Krieg selbstverständlich war, wurde somit obsolet; für die Wirkungsgeschichte von Luthers Obrigkeitsschrift sollte dies bedeutsam werden.[73] Luthers Unterscheidungsinteresse war allerdings stets getragen und begleitet von seiner Absicht, geistliches und weltliches Regiment einander *zuzuordnen*:

---

[72] Luther, Von der weltlichen Obrigkeit (s. Anm. 70), 223, 6–21.

[73] Martin Heckel hat im Blick auf die in der Obrigkeitsschrift enthaltenen Einsichten von einer „Epochenwende" gesprochen: Luthers Obrigkeitslehre habe „das Ende des ‚Konstantinischen Systems' der engen Verflechtung bzw. Vereinigung der geistlichen und der weltlichen Gewalt" gefordert (*Martin Heckel*, Martin Luthers Reformation und das Recht. Die Entwicklung der Theologie Luthers und ihre Auswirkung auf das Recht unter den Rahmenbedingungen der Reichsreform und der Territorialstaatsbildung im Kampf mit Rom und den „Schwärmern" [Jus Ecclesiasticum 114], Tübingen 2016, 576). Vgl. dazu: *Rochus Leonhardt*, Der „Staat ohne Gott" (Horst Dreier) – ein Erbe des Protestantismus?, in: Zeitschrift für Evangelisches Kirchenrecht 65, 2020, 217–248.

„Mit seiner Zwei-Reiche-Lehre wollte Luther ja nicht eine weltliche Staatslehre oder Sozialphilosophie präsentieren und propagieren, sondern als Seelsorger die Menschen zum Nächstendienst in der Welt rufen."[74] Es ging Luther, anders formuliert, um die Frage, wie die oben erwähnte „Zweigleisigkeit" des christlichen Lebensvollzugs im persönlichen Handeln eines Einzelnen Gestalt gewinnen kann. Im Blick war dabei insbesondere die Gefahr der Christusvergessenheit. Und diese Gefahr galt als besonders ausgeprägt bei Fürsten, also bei Inhabern weltlicher Macht, zu deren „Tagesgeschäft" die notfalls mit Gewalt durchzusetzende Erhaltung der inneren und äußeren Sicherheit ihres Gemeinwesens gehörte, sowie bei Soldaten, zu deren „Tagesgeschäft" die Tötung gegnerischer Soldaten gehörte. Entsprechend hat sich Luther einerseits im dritten Teil der Obrigkeitsschrift ausdrücklich an diejenigen weltlichen Herrscher gewandt, „die gerne auch *christliche Fürsten* und Herren sein und auch in jenes Leben kommen wollen".[75] Andererseits hat er in der Kriegsleuteschrift, angeregt durch eine Frage des sächsisch-kurfürstlichen Offiziers Assa von Kram, das Problem ventiliert, wie sich Handeln im Kampfeinsatz und christlicher Glaube in der Person des einzelnen Soldaten zusammendenken lassen. – Dieses Problem ist zweifellos auch gegenwärtig virulent.

Bevor in der nun folgenden inhaltlichen Entfaltung von Luthers Friedensethik auf die Kriegsleuteschrift eingegangen wird, ist die kurze Stellungnahme des Reformators zur sog. Wurzener Fehde von 1542 darzustellen; in diesem Votum zu einem drohenden kriegerischen Konflikt zwischen zwei (damals noch) gleichermaßen der lutherischen Reformation ver-

---

74 Heckel, Martin Luthers Reformation und das Recht (s. Anm. 73), 608.
75 Luther, Obrigkeit (s. Anm. 70), 273,10 f. (Hervorhebung RL).

pflichteten Landesherren lassen sich, bezogen auf eine konkrete Situation, wichtige Grundgedanken der Friedensethik Luthers erkennen, die er bereits sechzehn Jahre zuvor in der Kriegsleuteschrift entfaltet hatte.

2.3 Inhaltliche Entfaltung

Bei den von Martin Luther verfassten und publizierten Texten handelt es sich zum großen Teil um Gelegenheitsschriften, deren Entstehung sich einem bestimmten Anlass verdankt. Dies gilt auch für seine in Abschnitt 2.2 erwähnten Beiträge zur „Zwei-Regimenten-Lehre", die Obrigkeitsschrift von 1523 und die Kriegsleuteschrift von 1526; erstere war veranlasst durch das Verbot von Luthers Septemberbibel durch Georg den Bärtigen, und letztere – ein maßgeblicher Text zur Friedensethik im engeren Sinn – war veranlasst durch die Bitte des Assa von Kram um „eine schriftliche öffentliche Unterweisung" zur geistlichen Orientierung derer, „die sich durch diesen [scil. den Soldaten-]Stand und sein Wesen beschwert fühlen", so dass sie teilweise „gar nicht mehr nach Gott fragen und Seele und Gewissen in den Wind schlagen".[76] Aufgrund dieser Anlassgebundenheit ist es – dies hat der Kirchenhistoriker Friedemann Stengel gezeigt – nicht ohne weiteres möglich, aus der Summe aller einschlägigen friedensethischen Äußerungen Luthers ein einheitliches Gesamtbild zu gewinnen:

> „Man sollte nicht zu viel Eindeutigkeit in Luthers über Jahrzehnte hinweg gemachten Äußerungen finden wollen [...] Die Wölbungen und Brüche in Luthers Werk so auszugleichen, dass alles Nichtpassende herausgeschnitten wird, wäre jedenfalls eine Entkontextualisie-

---

76 Luther, Ob Soldaten in ihrem Beruf Gott gefallen können (s. Anm. 68), 561, 7–11.

rung, die zudem ein scheinbar modernes Gesamtkonzept in Luther implementieren würde. Luther [...] besitzt kein geschlossenes Kriegskonzept, sondern argumentiert nach Kontext, nach Allianzenlage und im Nachhinein."[77]

Allerdings sollte es gestattet sein, friedensethische Einsichten Luthers für gegenwärtige Problemkonstellationen fruchtbar zu machen. Dies ist dann kein *exklusiv* kirchengeschichtliches Unternehmen im ganz engen Sinne mehr; sondern in den historischen Rückgriff *einbezogen* ist stets ein systematisches Interesse, also die Intention, der Vergangenheit eine Gegenwarts-Bedeutsamkeit abzugewinnen. Dass dieses Interesse eine gewisse Entkontextualisierung erzwingt, ist offensichtlich; denn ganz ohne Entkontextualisierung könnte *uns* die Vergangenheit nichts bedeuten. Ein Interesse an der Bedeutsamkeit der Vergangenheit ist nun leitend, wenn etwa – der mit dem Stengel-Zitat kritisierte – Volker Stümke in seiner kenntnisreichen und bis heute unüberholten Monographie zum Friedensverständnis Martin Luthers von einem *sozialethischen Konzept* des Reformators spricht.[78] Auch der vorliegende Beitrag ist nicht an einer historizistischen Distanzierung von Luthers Friedensethik interessiert, sondern dezidiert daran, deren Stärken und Schwächen aufzuspüren und zu fragen, was diese Friedensethik von gestern für die Reflexion heutiger Kriegslagen argumentativ zu leisten vermag. – Dem dienen die nachstehenden Ausführungen zu Luthers Votum zur Wurzener Fehde (a) sowie zur Kriegsleuteschrift (b).

---

77 *Friedemann Stengel*, Reformation und Krieg, in: ders./Jörg Ulrich (Hg.), Kirche und Krieg. Ambivalenzen in der Theologie, Leipzig 2015, 49–105, 93.
78 Vgl. *Volker Stümke*, Das Friedensverständnis Martin Luthers. Grundlagen und Anwendungsbereiche seiner politischen Ethik, Stuttgart 2007 (Theologie und Frieden 34), 402.

(a) Das Votum zur Wurzener Fehde (1542)

Nach der langen Regierungszeit Georgs des Bärtigen (1500–1539) und der kurzen Regentschaft von Georgs Bruder Heinrich, genannt „der Fromme" (1538–1541), der die Reformation im albertinischen Sachsen einführte, übernahm 1541 der damals gerade 20-jährige Herzog Moritz die Landesherrschaft in Dresden. Im ernestinischen Sachsen amtierte – als Nachfolger Friedrichs des Weisen (1483–1525) und Johanns des Beständigen (1525–1532) – seit 1532 Johann Friedrich, genannt „der Großmütige", als Herzog und (bis zum Übergang der Kurwürde auf die Albertiner 1547) zugleich als sächsischer Kurfürst. Johann Friedrich und Moritz waren Cousins: Katharina, die jüngste Tochter des Herzogs Magnus zu Mecklenburg, war die Mutter von Moritz; Katharinas Schwester Sophie war die Mutter von Johann Friedrich.

Bereits seit der Leipziger Teilung von 1485 wurde die Schutzherrschaft über das Bistum Meißen, zu dessen weltlichem Besitz auch Wurzen und das Wurzener Land gehörten, von Ernestinern und Albertinern gemeinsam ausgeübt. Zum Konflikt, der die Wurzener Fehde zwischen Johann Friedrich und Moritz vorbereitete, kam es im Zusammenhang mit der Erhebung der sog. Türkensteuer. Johann Friedrich hatte den Meißner Bischof Johann von Maltitz angewiesen, die Türkensteuer für das Stiftsgebiet Wurzen direkt an ihn abzuführen, was dieser verweigerte. In Reaktion auf diese Weigerung „ließ der Kurfürst im März 1542 das Amt Wurzen besetzten, die Steuer eintreiben und dort die Reformation einführen".[79] Damit waren einerseits die Rechte des Meißner Bischofs ver-

---

[79] Martin Brecht, Martin Luther. Bd. 3: Die Erhaltung der Kirche. 1532–156, Stuttgart 1987, 286.

letzt, der de iure ein souveräner Reichsfürst und kein Untertan der sächsischen Herzöge war. Entscheidend war aber, dass Johann Friedrich ohne Abstimmung mit Moritz agiert und zudem die Absicht hatte, das Stiftsgebiet „enger an das Kurfürstentum" anzubinden.[80] Angesichts dieses Übergriffs zeigte sich Moritz dazu entschlossen, dem an ihn ergangenen Hilferuf des Meißner Bischofs zu folgen und gegen seinen Cousin militärisch vorzugehen. – In dieser Lage hat Martin Luther am 7. April 1542 einen offenen Brief an beide Fürsten und ih-re Landstände geschrieben. Dieses Schriftstück[81] ist „in der Reihe der politischen Ratschläge und Gutachten Luthers von singulärer Bedeutung"; auch die „Öffentlichkeit der Mahnung war ein Novum in der Praxis seiner politischen Voten".[82]

In seinem offenen Brief hat Luther zunächst seine *theologisch-seelsorgerliche* Stellungnahme in „so gar eitel *weltliche[n]* sachen" (7; Hervorh. RL) biblisch legitimiert, nämlich unter Berufung auf 1Tim 2,1 („So ermahne ich nun, dass man vor allen Dingen tue Bitte, Gebet, Fürbitte und Danksagung für alle Menschen"). Im nächsten Schritt hat er die *allgemeine* (also auch für politische Obrigkeiten verbindliche) *Geltung*

---

80 *Uwe Schirmer*, Die ernestinischen Kurfürsten bis zum Verlust der Kurwürde (1485–1547), in: *Frank-Lothar Kroll* (Hg.), Die Herrscher Sachsens. Markgrafen, Kurfürsten, Könige. 1089–1918, München 2007, 55–75, 74.

81 Das Votum inclusive einer Einleitung und eines Anmerkungsapparats ist abgedruckt als Brief Nr. 3733 in: D. *Martin Luthers Werke. Kritische Gesamtausgabe – Briefwechsel*, 10. Bd.: 1. März 1542 bis 31. Dezember 1544, Weimar 1947, 31–37 (der auf des Seiten 32–36 enthaltene eigentliche Brieftext besteht aus 164 durchnummerierten Zeilen, die im Folgenden zum Nachweis der Zitate im Text herangezogen werden).

82 *Wolgast*, Die Wittenberger Theologie und die Politik der evangelischen Stände (s. Anm. 66), 264.

des Friedfertigkeitsgebots betont, das er aus Jesu Seligpreisung der Friedfertigen (Mt 5,9) abgeleitet hat: Kurfürst und Herzog seien „schuldig [...], fur allen dingen zum frieden zu trachten" (35 f.), auch dann, wenn diese Friedfertigkeit mit schweren Verlusten einhergeht, erst recht aber angesichts des „geringen schadens, so itzt ynn diesem gegenwertigen fall mag furstehen [= bevorstehen]" (37 f.). Die Geringfügigkeit des Streitfalls hat Luther im Brief an späterer Stelle erneut betont (vgl. 74-76). Hier lässt sich, auch wenn er sicher „die Interessen von Herzog Moritz"[83] und damit „die Bedeutung Wurzens für das Herzogtum" unterschätzte,[84] die für Luthers politische Ethik auch sonst einschlägige Bedeutung des mit dem Epikie-Prinzip verbundenen Verhältnismäßigkeitsgrundsatzes erkennen.[85]

Allerdings hat Luther eingeräumt, dass es „die einige elende Notwere" (50) geben könne; der einzige Fall, in dem das Friedfertigkeitsgebot nicht gilt, ist danach der, dass sich jemand im Zustand der Notwehr befindet. Eine solche Notwehrlage ist allerdings noch nicht gegeben, wenn, wie im Fall der Besetzung des Amtes Wurzen durch Johann Friedrich, ein rechtswidriger Übergriff erfolgt ist. „Ist's möglich, soviel an euch liegt, so habt mit allen Menschen Frieden" – diese paulinische Forderung (Röm 12,18) impliziert nach Luther die Pflicht, im Vorfeld einer Anwendung des Notwehr-Rechts alle ordentlich-rechtlichen Möglichkeiten der Konfliktneutralisierung auszuschöpfen. Geschieht dies nicht und wird dennoch militärische Gewalt eingesetzt, dann handelt es sich

---

83 Brecht, Martin Luther. Bd. 3 (s. Anm. 79), 288.
84 Wolgast, Die Wittenberger Theologie und die Politik der evangelischen Stände (s. Anm. 66), 265.
85 Vgl. dazu: Leonhardt, Ethik (s. Anm. 39), 522.

nicht um Notwehr, sondern um Selbstjustiz (vgl. 54–58). Luther stellte also „mit Nachdruck die Bedeutung des Rechts in seiner friedensstiftenden Funktion heraus":[86]

> „So ist ynn dieser plotzlichen zweyung noch kein recht weder Handel furgenomen, viel weniger ein Endlich vrteil gesprochen, darauff man mucht mit gutem gewissen die Rache oder straffe fur nemen, So doch fur Handen sind Das feine kleinod, das furftliche hofegericht, item so viel seiner loblicher grauen, Herrn, Ritterschafft und gelerte Juristen, die solchs wol zuuor kundten horen und bewegen, zu letzt auch die Erbvereynigte fursten und villeicht mehr denn ich weis." (63–69)

Als unausgeschöpfte Möglichkeiten der Konfliktneutralisierung werden im vorstehenden Zitat genannt: ein Urteil des 1493 eingerichteten dem Kurfürstentum und dem Herzogtum Sachsen gemeinsamen Hofgerichts; ein Schiedsspruch eines Juristen- und Adelskonsiliums; eine Verständigung unter den Erbeinungsfürsten („Erbvereynigte fursten"; 68 f.); nach dem Naumburger Vertrag von 1457, der 1487 erneuert worden war, gehörten dazu Sachsen, Hessen und Brandenburg. – Es gibt also nach Luther zahlreiche *rechtlich-friedliche* Möglichkeiten der Konfliktbeilegung „unterhalb" einer *kriegerischen* Eskalation unter falscher Berufung auf eine Notwehrlage. Wo – wie im Fall des kriegsbereiten Herzog Moritz – diese Möglichkeiten ungenutzt bleiben, dort handelt es sich, so Luther, auch gar nicht um einen Krieg im eigentlichen Sinne, sondern vielmehr um „ein rechte aufrur" (90) innerhalb des Hauses Wettin: „Ja wol ein Haüs auffrur" (ebd.). Auch wenn, diese Möglichkeit räumt Luther ein, einer der Kontrahenten offensichtlich in seinem Recht verletzt wurde und daher „das hohest recht hette und billichen zorn fur-

---

[86] Wolgast, Die Wittenberger Theologie und die Politik der evangelischen Stände (s. Anm. 66), 265.

wenden kundte" (130 f.), so setzt er sich selbst „aus dem Recht yns unrecht" (134), wenn er ohne engagierte Bemühungen um eine rechtliche Befriedung seine Ansprüche gewaltsam durchzusetzen versucht. Das Notwehrrecht liegt dann auf Seiten des Angegriffenen (auch wenn dieser selbst zuvor das Recht gebrochen haben mag, nun aber verhandlungsbereit ist); Luther hat sich deshalb konsequent auf dessen Seite gestellt (vgl. 121–129) und die (angegriffene) Partei, „so recht und friden sucht" (136), dazu aufgefordert, sich zu wehren und sich dabei darauf zu berufen, dass Luther dies „an Gottes stat geheissen, geraten und vermanet" hat (137 f.). – „Denn ich will solch blut vnd verdamnis ihenes teils auff mich nehmen, Mus es auch wol thün" (138 f.).

Weil die der Absolution sicheren Angegriffenen „die kinder des vnfridens" „getrost vnd vnerschrocken" bekämpfen können (145 f.), während die Angreifer „ewiglich verdampt sein mussen mit leib vnd seelen" (154), gilt für jeden, der „vnter solchem vnfriedlichen fursten kriegt" (157 f.), dass es ihm verboten ist, „fursten und herren gehorsam zu sein oder Eid zu halten zü seiner seelen verdamnis" (161 f.). Es gibt also nach Luther, und das ist durchaus erstaunlich, im Fall eines Waffenganges, der nicht durch das Notwehrrecht gedeckt ist, eine christlich motivierte *Verweigerungspflicht*.

Luthers Text hat für den Fortgang der Ereignisse keine Rolle gespielt. Schon wenige Tage nach der Abfassung des referierten Briefes kam es aufgrund der Vermittlungsbemühungen des hessischen Landgrafen Philipp zu einer Verständigung; zwar ließ Luther dem Landgrafen das Manuskript zukommen, allerdings wurde der Text „anscheinend geheimgehalten, von den beteiligten Fürsten hat ihn offenbar keiner zu Gesicht bekommen".[87] Ungeachtet der realpolitischen Folgenlosigkeit des offenen Briefes sind darin doch einige friedensethische Grundsätze erkennbar, die Luther auch sonst vertreten hat. Dies wird im folgenden Unterabschnitt anhand eines Blicks in die Kriegsleuteschrift gezeigt.

(b) Die Kriegsleuteschrift (1526)

In der Schrift von 1526[88] rekurriert Luther wiederholt auf die Obrigkeitsschrift. Darin habe er gezeigt, „dass das Amt und Werk des Krieges an sich selbst recht und göttlich ist" (563, 37 f.). In der Obrigkeitsschrift, speziell in deren erstem Teil, war es um die Notwendigkeit und die göttliche Autorisierung weltlicher Zwangsgewalt angesichts der Koexistenz von wahren Christen und Sündern innerhalb eines politischen Gemeinwesens gegangen. Der Krieg, so hält Luther nun fest, ist auch nichts „anderes, als Unrecht und Böses zu strafen" (565, 8 f.). Die 1523 erwiesene theologische Hochschätzung des weltlichen Schwertes erstreckt sich also auch auf das Amt des Krieges; dieses ist „an sich göttlich" (567,15). Begründet wird diese Feststellung mit dem Verweis auf Lk 3,14 (vgl. 567,31; 615,31); in seiner „Standespredigt" hatte Johannes der Täufer von den Soldaten, die ihn nach der konkreten Gestalt der geforderten „Früchte der Buße" (Lk 3,8) gefragt hatten, *nicht* die Aufgabe ihres Berufes verlangt. Allerdings – und hier liegt die Wurzel jener Gewissenskonflikte, die Assa von Kram offenbar am Herzen gelegen haben – kann auch ein an sich göttliches Amt missbraucht werden; dies aber „ist nicht die Schuld des Amtes, sondern der *Person*" (567,18 f.; Hervorh. RL). Es ist von daher konsequent, wenn Luther nach seiner kurzen Apologie

---

87 A. a. O., 267.
88 Die Seiten- und Zeilenangaben im Text beziehen sich auf die in Anm. 68 genannte Edition. Zitiert wird wie bisher nach der auf den ungeraden Seiten abgedruckten von Volker Stümke angefertigten Übertragung in heutiges Deutsch.

des Amtes (563–571) nun ausführlich „die Personen und ihren Gebrauch dieses Standes" in den Blick nimmt (571,40).

Nach einigen kurzen aber – speziell im Rückblick auf den Bauernkrieg – wichtigen Hinweisen zur Bedeutung des Epikie-Prinzips, demzufolge „alle Rechtsvorschriften [...] der Billigkeit als ihrer Meisterin unterworfen sein" müssen (577, 4–7), hält Luther fest, dass „Krieg zwischen dreierlei Personen vorkommen" kann (577,10). Diese Unterscheidung gibt das Gliederungsprinzip seiner folgenden Ausführungen vor. Verhandelt wird zuerst (1) der Fall, dass sich Untertanen gegen die Obrigkeit auflehnen (577,15–599,4). Es folgt (2) die – für heutige friedensethische Überlegungen wichtige (s. u.) – Behandlung des Falles, dass „Gleiche gegen Gleiche kämpfen" (599,5 f.; insgesamt: 599,5–609,42). An dritter Stelle (3) wird – sozusagen reziprok zum ersten Fall – kurz die Frage ventiliert, ob „die Oberperson mit Recht gegen die Unterperson Krieg führen darf" (611,1 f.; insgesamt: 611,1–613,4). Im Anschluss an die Klärung der drei Konstellationen werden vier friedensethisch relevante konkrete Probleme angesprochen: (I) Darf für den Christen der Kriegsdienst die Grundlage der Fristung seines Lebensunterhalts sein? (613,10–617,39). (II) Wie soll sich – diese Frage hat auch im Votum zur Wurzener Fehde eine Rolle gespielt – ein Soldat im Fall eines offensichtlich ungerechten Krieges verhalten, den sein Herr, dem er verpflichtet ist, vom Zaun bricht? (617,40–619,23). (III) Darf sich ein Soldat „mehr als einem Herrn zum Dienst verpflichten und von jedem Herrn Sold oder Dienstgeld nehmen?" (619,24–26; insgesamt: 619,24–621,22). (IV) Darf man „auch für zeitliche Ehre" Krieg führen? (621,24; insgesamt: 621,23–627,39).

Zunächst ist festzuhalten, dass Luther, bedingt durch die Rekurse auf die Obrigkeitsschrift, in der Kriegsleuteschrift einen Kriegsbegriff voraussetzt, der auch Konflikte zwischen

Obrigkeit und Untertanen einschließt. Was Fall (1) angeht, so schärft er erneut nachdrücklich die Gehorsamspflicht der Untertanen ein, die auch angesichts einer tyrannischen Obrigkeit gilt. Die Argumente sind hier nicht zu referieren. Das klare Fazit lautet: „Gegen eine Oberperson kann kein Gefecht oder Kampf recht sein" (597,41 f.). Entsprechend wird für Fall (3) festgehalten, dass, eben weil „die Untertanen gehorsam sein und auch Unrecht von ihren Tyrannen erdulden sollen, [es] recht und billig [ist], gegen sie zu kämpfen" (611,2–7).

Friedensethisch aus heutiger Sicht interessanter ist Fall (2). Dabei geht es um die Austragung eines Konflikts „unter Gleichen", von denen keiner unter der Hoheit des anderen steht und für die es an einer übergeordneten Autorität fehlt, die in der Lage ist, eine von beiden Seiten anerkannte Konfliktlösung zu formulieren und durchzusetzen. Zugespitzt formuliert: Während in den Fällen (1) und (3) die Rechtslage aufgrund des Obrigkeit-Untertanen-Verhältnisses klar ist, ist sie im Fall (2) zunächst unklar. Luthers Fall (2) kann also gut übertagen werden auf gegenwärtige Konflikte zwischen souveränen Staaten, in denen es keine Instanz gibt, die zur Durchsetzung einer die Kontrahenten überspannenden Rechtsordnung ermächtigt und fähig ist.

Wie wird eine solche Konstellation beurteilt? Klar ist für Luther zunächst: „Wer Krieg anfängt, ist im Unrecht!" (599,9) Anders als im Votum zur Wurzener Fehde begründet er diesen Grundsatz hier nicht mit dem Hinweis auf das Friedfertigkeitsgebot von Mt 5,9. Er rekurriert vielmehr auf die in Röm 13 festgehaltene Aufgabe der Obrigkeit, „zu schützen die Rechtschaffenen im Frieden und zu strafen die Bösen mit Krieg" (599,18 f.). Und er zitiert mehrfach (599,23 f.34; 601,31 f.; 603,10 f.) Ps 68,31, einen Vers, der Gott als Zerstreuer (also Bestrafer) derer vorstellt, die aus Lust Krieg führen. Dass es nach

Luther (und Röm 13) auch zur Aufgabe einer göttlich autorisierten Obrigkeit gehört, die Bösen mit Krieg zu strafen, macht allerdings schon deutlich, dass das Verbot, einen Krieg zu *beginnen*, nicht impliziert, dass es unter allen Umständen verboten wäre, einen Krieg zu *führen*. Von der dem Willen Gottes entgegenstehenden „Kriegslust" ist deshalb der dem Willen Gottes entsprechende „Notkrieg" zu unterscheiden (603,28).

Der Notkriegs-Fall ist gegeben, wenn man „aufgrund eines entsprechenden Rechtstitels und des Gewissens sagen kann: Mein Nachbar zwingt und drängt mich, Krieg zu führen, ich würde es lieber lassen, so dass der Krieg nicht nur als Krieg, sondern als pflichtgemäßer Schutz und Notwehr bezeichnet werden kann" (603,19–23). Dem Willen Gottes entspricht ein solcher „Notkrieg" also dann, wenn er notwendig ist, damit der Landesherr der ihm nach Röm 13 von Gott auferlegten Pflicht entsprechen kann, „die Seinen zu beschützen" (603,39). Hinzu kommt die Voraussetzung, „dass man den Rechtsweg, Verhandlungen oder eine gütliche Einigung" (609,22 f.) angeboten hat, all diese Bemühungen aber fruchtlos geblieben sind. Obrigkeiten, die so agieren, weil sie „gern vor Gott recht handeln wollen" (609,26), bezeichnet Luther als „die rechten Krieger [...] Sie zücken nicht schnell das Schwert, [...] sie haben keine Lust aufs Kämpfen. Aber wenn man sie zwingt zu kämpfen, dann hüte dich vor ihnen [...] Ihr Messer steckt fest, aber wenn sie es ziehen müssen, dann kommt es nicht ohne Blut wieder in die Scheide" (599,35–39).[89]

---

[89] Als Vorbild eines zunächst zögerlichen, im Entscheidungsfall aber entschlossenen Fürsten führt Luther seinen ein Jahr zuvor verstorbenen Landesherrn, Kurfürst Friedrich den Weisen, an (vgl. 601,12–25). Noch im Votum zur Wurzener Fehde wird auf Friedrich rekurriert (vgl. 105–109).

Allerdings, und das ist neben der Beschränkung des Kriegsführungsrechts auf unvermeidliche Notwehrsituationen der zweite wichtige Punkt, darf die feste Überzeugung vom Gegeben-Sein einer Notkriegs-Lage nicht zu anmaßender Siegesgewissheit führen:

> „Selbst wenn es wahr ist, dass du eine rechtmäßige, gute Ursache zu kämpfen und dich zu wehren hast, hast du damit noch nicht Brief und Siegel, dass du gewinnen wirst. Ja, gerade eine solche Selbstgewissheit könnte dazu führen, dass du verlieren könntest, auch wenn du einen angemessenen Grund zum Kriegführen hast, nämlich weil Gott weder Anmaßung noch Selbstvertrauen dulden kann, wenn es nicht Demut und Furcht vor ihm ist." (605,40–43; 607,1–4)

Die Notwehrlage ist also mit einer Paradoxie behaftet; Luther nennt sie „eine verwunderliche Sache: Ein Soldat, der einen gerechten Grund hat, soll zugleich mutig und verzagt sein. Wie will er kämpfen, wenn er verzagt ist? Kämpft er aber unverzagt, ist es ebenfalls gefährlich." (609,5–8) Die geforderte Mischung aus Selbstvertrauen – gespeist durch das Bewusstsein, sich im Recht zu befinden – und Verzagtheit bzw. Demut, die den Ausgang des Unternehmens, von dessen Berechtigung man doch überzeugt ist, Gott anheimstellt (vgl. dazu schon 607,9–16) und auch einen Sieg nicht als menschliche Eigenleistung verbucht, wird durch Luther näher bestimmt in seinen Ausführungen zu Frage (IV), in der es um das soldatische Interesse an zeitlicher Ehre geht. Die nachstehenden Zitate stammen (1) aus einer Formulierungsvorlage für die Ermahnung der Soldaten vor der Schlacht und (2) aus einem Gebet, das jeder Soldat nach der Ermahnung für sich selbst sprechen soll.

> (1) „Liebe Gesellen, wir sind hier versammelt in Dienst, Pflicht und Gehorsam unseres Fürsten, wie wir nach Gottes Willen schuldig sind, unserem Herrn beizustehen mit Leib und Gut, obwohl wir vor Gott

ebenso arme Sünder sind wie unsere Feinde. Aber weil wir doch wissen – oder zumindest nicht anders wissen –, dass unser Fürst in dieser Sache im recht ist, und weil wir daher sicher und gewiss sind, dass wir in diesem Dienst und Gehorsam Gott selbst dienen, so sei ein jeder mutig und unverzagt und lasse sich nicht anders dünken, als dass seine Faust Gottes Faust, sein Spieß Gottes Spieß sei." (621, 31–42)

(2) „Himmlischer Vater, [...] [i]ch danke deiner Gnade und Barmherzigkeit, dass du mich in ein solches Werk gestellt hast, bei dem ich gewiss bin, dass es keine Sünde ist [...]. Weil ich aber weiß und durch dein gnadenreiches Wort gelernt habe, dass keines unserer guten Werke uns helfen kann [...], darum will ich mich gar nicht auf diesen meinen Gehorsam und mein Werk verlassen." (627,4–14)

Die Parallelen zwischen der Kriegsleuteschrift und dem Votum in der Wurzener Fehde sind offensichtlich: Eine Notwehrlage ist erst dann gegeben, wenn alle Versuche einer gewaltfreien und idealerweise rechtlichen Konfliktbefriedung ergebnislos waren; mit der Einsicht in die Unvermeidbarkeit der Gewaltanwendung ist die Überzeugung verbunden, dass die militärische Verteidigung dem Willen Gottes nicht widerspricht. – Der zuletzt genannte Gedanke ist allerdings in der Kriegsleuteschrift erkennbar nachdrücklicher akzentuiert, weil er – dem Entstehungsanlass geschuldet – dazu geeignet ist, das soldatische Gewissen von religiösen Skrupeln freizuhalten: „Hier schlage, steche und töte nicht ich, sondern das tun Gott und mein Fürst, deren Diener jetzt meine Hand und mein Leib sind" (617,20–22). Die Kriegsleuteschrift enthält übrigens auch schon – im Rahmen der Beantwortung von Frage (II) – die im Votum zur Wurzener Fehde festgestellte Betonung einer Verweigerungspflicht im Fall eines nicht vom Notwehrrecht gedeckten Krieges; dies ist Gegenstand der nachstehenden Ausführungen, mit denen die inhaltliche Entfaltung von Luthers Friedensethik abgeschlossen wird.

Dass Luther die Gehorsamspflicht der Untertanen gegenüber der faktisch herrschenden Obrigkeit mit Nachdruck betont hat, ist bereits deutlich geworden. Dabei dürfte seine paternalistische Obrigkeitsauffassung im Hintergrund stehen, die sich etwa darin niedergeschlagen hat, dass er den im Elternehrgebot des Dekalogs („Du sollst deinen Vater und deine Mutter ehren": Ex 20,12a/Dtn 5,16aα) formulierten Anspruch über die Eltern hinaus auch auf die „Herren" – und damit auf die politische Obrigkeit – bezogen hat: „Wir sollen", so heißt es in der Auslegung des vierten Gebots in Luthers Kleinem Katechismus, „Gott fürchten und lieben, dass wir unsere Eltern *und Herren* nicht verachten noch erzürnen, sondern sie in Ehren halten, ihnen dienen, gehorchen, sie lieb und wert haben."[90] Allerdings hat Luther (wie in Abschnitt 2.2 gezeigt) im Rahmen seiner politischen Ethik auch die Grenzen des Obrigkeitsgehorsams festgehalten. Und ganz anders als es die paternalistisch fundierte Gehorsamsbegründung nahelegen würde, hat er bei der Behandlung der Gehorsamsgrenzen die „Untertanen", die die weltliche Obrigkeit auf ihre Kompetenzüberschreitung aufmerksam machen, als „mündige Bürger" vorgestellt. Nach dem zweiten Teil der Obrigkeitsschrift gilt eine solche Überschreitung dann als gegeben, wenn der Herrscher seine *weltliche* Schwertgewalt dazu nutzen will, die Untertanen *religiös* zu orientieren.

---

90 Der kleine Katechismus Doktor *Martin Luthers* (1529), in: Unser Glaube. Die Bekenntnisschriften der evangelisch-lutherischen Kirche. Ausgabe für die Gemeinde. Im Auftrag der Vereinigten Evangelisch-Lutherischen Kirche Deutschlands (VELKD) herausgegeben vom Amt der EKD. Redaktionell betreut von *Johannes Hund* und *Hans-Otto Schneider*, 6., völlig neu bearb. Aufl., Gütersloh 2013, 461–499, 467 (Hervorh. RL).

„Wenn dir nun dein Fürst oder weltlicher Herr gebietet, es mit dem Papst zu halten und so oder so zu glauben [...], sollst du ihm folgendermaßen antworten: Es steht Luzifer nicht zu, neben Gott zu sitzen. Lieber Herr, ich bin verpflichtet, euch mit Leib und Gut zu gehorchen. Wenn ihr mir nach dem Maß eurer irdischen Macht etwas gebietet, werde ich gehorchen. Wenn ihr aber von mir verlangt, zu glauben [...], werde ich nicht gehorchen. Denn dann seid ihr ein Tyrann und greift zu hoch, indem ihr gebietet, wozu ihr weder Recht noch Macht habt."[91]

Als biblische Grundlage des Rechts auf Gehorsamsverweigerung im Fall religiöser Repression wird die sog. Clausula Petri ins Feld geführt, also die in Apg 5,29b enthaltene auf Petrus und die Apostel zurückgeführte Formulierung „Man muss Gott mehr gehorchen als den Menschen". Dieselbe Bibelstelle wird auch in der Kriegsleuteschrift zitiert. Dabei geht es allerdings nicht um eine Situation, in der die weltliche Gewalt – unzulässigerweise – in die geistliche Sphäre übergreift. Das Problem ist hier etwas anders gelagert. Oben war deutlich geworden, dass die Teilnahme an einem Krieg nur dann „keine Sünde ist" (627,8), wenn die Teilnehmer „wissen – oder zumindest nicht anders wissen –, dass unser Fürst in dieser Sache im Recht ist" (621,37–39). Für den Fall, dass „mein Herr kein Recht hätte, Krieg zu führen" (617,40 f.), ergibt sich folgerichtig die später auch im Votum zur Wurzener Fehde wiederholte Verweigerungspflicht: „Wenn Du sicher weißt, dass er kein Recht hat, so sollst du Gott mehr fürchten und gehorchen als den Menschen, Apg 5, und sollst nicht Krieg führen oder darin dienen, denn du kannst dabei kein gutes Gewissen vor Gott haben" (617,41 f.; 619,1 f.). Ähnlich wie in der Obrigkeitsschrift soll der Christ, dessen religiöses Gewissen durch eine Übergriffigkeit der weltlichen Obrigkeit (1523) bzw.

---

91 Luther, Von der weltlichen Obrigkeit (s. Anm. 70), 263,32–40.

durch einen den Willen Gottes missachtenden Befehl malträtiert wird (1526), die entsprechenden Anordnungen nicht befolgen und willig die Konsequenzen tragen. Im Falle des Kriegsdienstes wird allerdings der Obrigkeit eine Beurteilungsprärogative eingeräumt. Das heißt konkret: In einer unübersichtlich-uneindeutigen Konfliktlage, in der das die Verweigerung legitimierende Nicht-Vorliegen der kriegsbegründenden Notwehrsituation zweifelhaft ist, hat die Gehorsamspflicht den Vorrang. Der Christ soll dann, so rät Luther, „nach Art der Liebe deinem Herrn das Beste zutrauen, denn die Liebe glaubt alles und denkt nichts Böses" (619,16 f.).

2.4 Eine frühneuzeitliche Alternative? – Erasmus von Rotterdam

Es hat sich gezeigt: Luther hat zwar prinzipiell für eine Vermeidung von Kriegen plädiert. Aber er hat in seinen friedensethischen Reflexionen auch ernstgenommen, dass wegen der dauerhaften Koexistenz von wahren Christen und Sündern damit zu rechnen ist, dass Kriege ebenso dauerhaft zur Signatur dieser Welt gehören. – „Ja, wenn die Leute rechtschaffen wären und gerne Frieden hielten, dann wäre Kriegführen das größte Unglück auf Erden" (565,36–38). Da allerdings gilt: „Gott hat uns in die Welt unter die Herrschaft des Teufels geworfen, so dass wir hier kein Paradies haben" (597,26 f.), können Kriege sogar so etwas sein wie eine bittere Medizin – nicht angenehm einzunehmen, aber unvermeidlich und heilsam; der Krieg ist danach „ein kleiner, kurzer Unfrieden, der einem ewigen, unermesslichen Unfrieden wehrt" (565,30 f.).

Kriege können zwar nicht gänzlich aus der Welt geschafft, wohl aber kann im Horizont des christlichen Glaubens die Kriegsbereitschaft auf berechtigte Anlässe reduziert werden. Grundsätzlich gilt für christliche Landesherren (so Luther vor allem 1542) das Friedfertigkeitsgebot nach Mt 5,9; zugleich kann (das betonen vor allem die Texte von 1523 und 1526) die Kriegführung zum göttlich autorisierten Obrigkeitsamt gehören, dessen Inhaber denjenigen, „der Böses tut" (Röm 13,4) zu bestrafen hat. Wenn die hochstufigen Voraussetzungen dafür, dass ein Krieg als berechtigt gelten kann, erfüllt sind (definitiv gescheiterte Versuche einer gewaltfreien und rechtlichen Konfliktbefriedung), dann ist dieser Krieg – ungeachtet der damit einhergehenden Tötungshandlungen – nicht nur „keine Sünde" der hier agierenden Menschen (627,8), sondern sogar eine direkte Realisierung des weltlichen Regiments Gottes. – An dieser Stelle ist die evangelische Bekenntnisbildung 1530 der Lutherschen Vorgabe weitgehend gefolgt: Im 16. Artikel der „Augsburger Konfession" und in der „Apologie der Augsburger Konfession" wird gesagt, dass die innerweltlichen Ordnungsstrukturen von Gott geschaffen und eingesetzt sind, weshalb es Christen erlaubt ist, sich in vielfältiger Weise innerweltlich zu betätigen, ohne dadurch in Sünde zu fallen. Dies gilt ausdrücklich auch für rechtmäßige Kriege.[92]

Allerdings war die dargestellte Position im 16. Jahrhundert keineswegs alternativlos: „Luther ist nur eine von vielen Stimmen der Zeit."[93] Es sind namentlich drei Alternativkonzepte zu erwähnen. An *erster* Stelle steht die Position des Täufertums, das nach der Typisierung von Ernst Troeltsch den protestantischen Sektentypus repräsentiert.[94] Dabei ist insbe-

---

[92] Die in heutiges Deutsch übertragenen Texte sind enthalten in: Unser Glaube (s. Anm. 90), 56–58 („Augsburger Konfession"). 289–293 („Apologie der Augsburger Konfession"). Vgl. dazu: Leonhardt/Penßel, Die evangelische Friedensethik, das Völkerrecht und Confessio Augustana 16 (s. Anm. 58), 120–133.

[93] *Stengel*, Reformation und Krieg (s. Anm. 77), 62.

sondere diejenige Richtung von Bedeutung, die durch das sog. Schleitheimer Bekenntnis von 1527 repräsentiert wird.[95] In dessen sechstem Artikel wird das Schwert zwar als Gottesordnung bestimmt. Zugleich aber wird die Unzuständigkeit des Schwertes für die Gläubigen mit ihrer Orientierung auf die „Vollkommenheit Christi" hervorgehoben; gemeint ist die Christusnachfolge, die konsequent in Distanz zu jener Mitwirkung an der Stabilisierung weltlicher Ordnungsstrukturen gebracht wird, die Luther den Christen abgefordert hatte. An *zweiter* Stelle ist Sebastian Franck zu nennen, nach Troeltsch ein Vertreter der protestantischen Mystik, der im Jahre 1539 unter dem Pseudonym Friedrich Wernstreyt einen Text mit dem Titel „Kriegsbüchlin des Friedens" publiziert hat. Darin geht er kritisch mit denjenigen Theologen ins Gericht, „die gern ein christlich gut Werk, Stand und Amt aus den Kriegen machten"[96] – eine Formulierung, die offensichtlich auf Luther zielt.[97] Schließlich, *drittens*, sind die Friedensschriften des Erasmus von Rotterdam anzusprechen.[98] Dieser Autor gehört zwar nicht in den reformatorischen Kontext, sondern ist eher als humanistischer Reformkatholik zu be-

---

94 Vgl. sowohl zum Sektentypus als auch zur (gleich zu erwähnenden) Mystik auf protestantischem Boden: *Troeltsch*, Die Soziallehren der christlichen Kirchen und Gruppen (s. Anm. 1), 909–1843 (Teilbd. 2).

95 Vgl. zu den unterschiedlichen Ausprägungen des Täufertums: *Leonhardt*, Religion und Politik im Christentum (s. Anm. 2), 173–181.

96 *Sebastian Franck*, Das Kriegsbüchlin des Friedens, in: Zur Friedensidee in der Reformationszeit. Texte von Erasmus, Paracelsus, Franck, eingeleitet und mit erklärenden Anmerkungen herausgegeben von *Siegfried Wollgast*, Berlin(-Ost) 1968, 63–272 (Übertragung in heutiges Deutsch), 176.

97 Vgl. *Horst Weigelt*, Sebastian Francks Auseinandersetzung mit Luther in seinem Kriegsbüchlein des Friedens, in: Luthers Wirkung. Festschrift für Martin Brecht zum 60. Geburtstag, hg. von *Wolf-Dieter Hauschild*, *Wilhelm Heinrich Neuser* und *Christian Peters*, Stuttgart 1992, 83–95.

zeichnen. Aber seine Texte sind im selben Diskursraum verortet wie die von Luther und Franck sowie die – der Kriegslehre des Thomas von Aquin verpflichteten (vgl. Abschnitt 1.2) – Beiträge der spanischen Spätscholastiker, und es lassen sich unschwer Bezüge zwischen den Äußerungen der verschiedenen Autoren erkennen.

Nachstehend soll die Position des Erasmus ein wenig genauer unter die Lupe genommen werden. Denn im Blick auf die in Abschnitt 3 aufzuzeigenden friedensethischen Perspektiven wird sie sich als eine Art „Komplementärtheorie" zu Luthers Zugriff erweisen. Der 1536 in Basel gestorbene einflussreichste Humanist seines Zeitalters ist einmal „als der erste literarische Theoretiker des Pazifismus" bezeichnet worden.[99] Und in der Tat wurde Erasmus mit der Position, „Krieg sei nicht erlaubt", in Verbindung gebracht. So hat ihm der spanische Dominikaner Domingo (Dominico) de Soto, ein führender Vertreter der spätscholastischen Schule von Salamanca, in einem zwischen 1540 und 1553 entstandenen Text eine Zustimmung zu dieser Auffassung unterstellt, die er dann als „ketzerisch und glaubenswidrig" stigmatisiert hat.[100] Allerdings hatte Domingo die besagte Kritik, wenngleich in abgeschwächter Weise, auch gegen Luther gerichtet. Hier wird schon deutlich, dass die Wahrnehmung der unterschiedli-

---

98 Über Krieg und Frieden. Die Friedensschriften des *Erasmus von Rotterdam*, aus dem Lateinischen von *Hans-Joachim Pagel, Wolfgang F. Stammler* und *Werner Stingl*. Kommentiert von *Hans-Joachim Pagel*, hg. von *Wolfgang F. Stammler, Hans-Joachim Pagel* und *Theo Stammen*, mit Beiträgen von *Mariano Delgado* und *Volker Reinhardt*, Essen 2018.

99 *Stefan Zweig*, Triumph und Tragik des Erasmus von Rotterdam (1938), Frankfurt am Main ¹⁹2003, 86.

100 *Domingo de Soto*, Frage 40 „Über den Krieg", in: Kann Krieg erlaubt sein? (s. Anm. 42), 108–143, 109.

chen Positionen zur Friedensethik in den frühneuzeitlichen Diskursen nicht immer hinreichend differenziert war. Dies wird auch deutlich bei dem ebenfalls der Schule von Salamanca zuzurechnenden franziskanischen Theologen und Juristen Alfonso de Castro. In dessen Schrift „Adversus omnes haereses libri quattuordecim" (erstmals 1534 erschienen) wird, ähnlich wie bei Domingo, im konkreten Blick auf Luther die „Ketzerei" getadelt, „es sei den Christen nicht erlaubt, gegen die Türken zu kämpfen, weil das ja, sagt er, bedeute, sich dem Willen Gottes zu widersetzen, der strafe und unsere Ungerechtigkeiten durch die Türken ausgleiche".[101] Von dieser Auffassung sagt Alfonso, er sei nicht sicher, ob sie als milder oder als schlimmer einzustufen ist als die etwa den Manichäern oder dem Baseler Reformator Johannes Oekolampad unterstellte Meinung, „es sei unter keinen Umständen erlaubt, Krieg zu führen".[102] – Während Luther bei Sebastian Franck tendenziell als nachfolgevergessener *Bellizist* zu stehen kommt, wird er, ungeachtet seiner Voten in Obrigkeits- und Kriegsleuteschrift, in der spanisch-spätscholastischen Thomas-Renaissance als unreflektierter Teil-*Pazifist* kritisiert: Kriegführen gegen Türken sei verboten, gegen andere Christen aber unter Umständen erlaubt.

---

101 *Alfonso de Castro*, Gegen sämtliche Ketzereien, Krieg, in: Kann Krieg erlaubt sein? (s. Anm. 42), 430–439, 435. Alfonso bezieht sich auf Luthers Erläuterungen zur fünften seiner Ablassthesen. Darin wird die Bedrängung durch die Türken als Strafe Gottes verstanden; die gerade auch seitens der Amtskirche forcierte Türkenkriegs-Propaganda sei deshalb von dem Interesse geleitet, „Gott zu widerstreiten, der, wie er [scil. in Jes 10,5] sagt, durch diese Rute unsere Ungerechtigkeiten selbst heimsucht, weil wir sie nicht heimsuchen" (*Martin Luther*, Resolutiones disputationum de indulgentiarum virtute [1518], in: D. Martin Luthers Werke, Kritische Gesamtausgabe, 1. Bd., Weimar 1883, 522–628, 535,38 f.; Übersetzung RL).
102 *de Castro*, Gegen sämtliche Ketzereien (s. Anm. 101), 431.

Interessanterweise hat sich auch Erasmus die zuletzt referierte Kritik an Luther zu eigen gemacht. Jedenfalls hat er dem Urteil der Pariser Theologischen Fakultät, die Luthers Lehre im April 1521 als ketzerisch verurteilt hatte, im Blick auf die Türkenkriegsfrage grundsätzlich zugestimmt. Die Pariser Theologen hielten, so Erasmus, Luthers in den „Resolutiones" geäußerte Meinung zwar „für falsch, nicht aber für ketzerisch"; sie verdammen sie deshalb „nicht einfach, sondern bestreiten ihre grundsätzliche Gültigkeit, da sie, wenn ich nicht irre, der Ansicht sind, ein Krieg mit den Türken sei, abhängig von den Umständen, manchmal gerechtfertigt und manchmal nicht".[103] Und in der Tat gilt nach Erasmus, was auch Luther gemeint hat: Wenn „jemand Christen das Recht auf Kriegführung gänzlich absprechen wollte, müsste er ebenso der Obrigkeit das Recht absprechen, Übeltäter zu bestrafen".[104] Daher ist die Meinung, „das Recht auf Kriegsführung sei den Christen überhaupt verwehrt", auch „zu abwegig, als dass sie einer Widerlegung bedürfte".[105] – Erasmus bezieht sich mit der zuletzt zitierten Formulierung nicht nur kritisch auf die täuferische Position, sondern er möchte auch ein bereits damals verbreitetes „pazifistisches (Miss-)Verständnis" seiner 1526 und 1527 von der Pariser Theologischen Fakultät verurteilten Schrift „Querela pacis" (1517) korrigieren, die manchmal noch gegenwärtig als maßgeblicher Schlüsseltext seiner friedensethischen Auffassung gehandelt wird.[106]

---

[103] Erasmus von Rotterdam, Erörterung der Frage eines Kriegs gegen die Türken (1539), in: Über Krieg und Frieden (s. Anm. 98), 365–436, 397 f. – Luthers Schriften zum Türkenkrieg („Vom Kriege wider die Türken" und „Eine Heerpredigt wider den Türken", beide 1529) waren Erasmus zur Zeit der Abfassung seiner „Erörterung ..." nicht bekannt.
[104] A. a. O., 398.
[105] A. a. O., 397.

Es gibt allerdings durchaus eine wichtige Differenz zwischen Luther und Erasmus. Luther hatte gelehrt, „dass das *Amt und Werk* des Krieges an sich selbst recht und göttlich ist",[107] während er das – von ihm ebenso wenig wie von Erasmus geleugnete – Elend des Krieges den sündigen Beschaffenheiten der kriegführenden *Personen* zuschrieb. Für Erasmus dagegen war es unmöglich, den Krieg in irgendeiner Weise als „recht und göttlich" und dadurch als christlich legitimiert zu verstehen. Denn der Krieg ist etwas zutiefst „Höllisches, dem Leben wie auch der Lehre Christi Fremdes", das Christen deshalb „auf jede Weise meiden, verfluchen und von sich weisen" müssen.[108] Es gilt also: „Ein wahrhaft christlicher Lehrer wird niemals den Krieg gutheißen, und wenn er ihn vielleicht doch einmal zulässt, dann nur widerwillig und nicht ohne Reue."[109]

Diese Grundüberzeugung hat Erasmus dazu geführt, dass er die Hürden für die mögliche Zulassung eines Krieges sehr hochgelegt hat. Er hat durchaus bezweifelt, dass Rechtsverletzungen, seien sie auch noch so offensichtlich, hinreichende Gründe für einen Waffengang liefern können. Denn das Recht ist missbrauchsanfällig: „Oft ist größtes Recht

---

106 Vgl. *Stengel*, Reformation und Krieg (s. Anm. 77), 85.
107 *Luther*, Ob Soldaten in ihrem Beruf Gott gefallen können (s. Anm. 68), 563,37 f. (Hervorh. RL).
108 *Erasmus von Rotterdam*, „Süß ist der Krieg den Unerfahrenen", in: Über Krieg und Frieden (s. Anm. 98), 177–240, 237. Bei dieser Schrift handelt es sich um das zu einem längeren Essay ausgeweitete Adagium Nr. 3001. Die in der hier verwendeten Ausgabe enthaltene Übersetzung folgt der letzten noch von Erasmus selbst besorgten Edition von 1536 (die „Adagia" waren erstmals 1508 erschienen). Das titelgebende Sprichwort („Dulce bellum inexpertis") wird von Erasmus auf die antiken Autoren Pindar, Quintus Horatius Flaccus und Flavius Vegetius Renatus zurückgeführt.
109 A. a. O., 219.

auch größtes Unrecht, und manche Fürsten beschließen zuerst, was sie wollen, und suchen dann nach einem Vorwand, um ihr Tun zu bemänteln."[110] Dabei geht es zunächst, wie auch bei Luther, um den mit dem Epikie-Prinzip verbundenen Verhältnismäßigkeitsgrundsatz. Erasmus zielt allerdings, über Luther hinaus, noch auf etwas anderes. Dass der Krieg, „mag er auch vom gerechtesten aller Fürsten aus dem gerechtesten aller Gründe geführt werden", „fast immer mehr Böses als Gutes stiftet", liegt seines Erachtens insbesondere an der „Verderbtheit der Soldaten und Feldherren".[111] Es geht dem Humanisten dabei um die persönlichkeitsdeformierenden Begleiterscheinungen und Folgen des Krieges:

> „Schau dir doch bitte die Leute an, mittels derer Krieg geführt wird: Mörder, Blutschänder, Spieler, Hurer, gemeines Söldnerpack, dem ein kleiner Profit mehr wert ist als das Leben. Diese Leute sind im Krieg die besten, weil sie für das, was sie sonst auf eigene Gefahr hin taten, bezahlt und auch noch gelobt werden. Und um Krieg zu führen, muss man dieses Gesindel überall in Stadt und Land aufnehmen. Am Ende wird man noch zu deren Sklaven, nur weil wir uns an anderen rächen wollen. Nimm hinzu, wie viele Verbrechen unter dem Vorwand des Krieges begangen werden, da im Waffenlärm die guten Gesetze schweigen, wie viele Räubereien, wie viele Kirchenschändungen, wie viele Plünderungen und sonstige Schandtaten, die auch nur zu nennen man sich schämt! Diese Verrohung der Sitten dauert – es kann gar nicht anders sein – viele Jahre an, auch wenn der Krieg zu Ende ist."[112]

Die kriegsbedingte Anarchie führt nach Erasmus zu einer dem Ausnahmezustand geschuldeten Konjunktur von cha-

---

110 *Erasmus von Rotterdam*, Brief an Anton von Bergen vom 15. März 1514, in: Über Krieg und Frieden (s. Anm. 98), 162–173, 171.

111 *Erasmus von Rotterdam*, Erörterung der Frage eines Kriegs gegen die Türken (s. Anm. 103), 397.

112 *Erasmus von Rotterdam*, Brief an Anton von Bergen (s. Anm. 110), 169 f. Vgl. Erasmus von Rotterdam, „Süß ist der Krieg den Unerfahrenen" (s. Anm.

rakterlichen Deformationen, die im normalen Alltag als deviant verachtet werden. Diese Konjunktur zieht alle möglichen Arten von Kriegsverbrechen nach sich. Dadurch wird eine letztlich gesamtgesellschaftliche Verrohung befördert, die weit in die Zeit nach dem Ende des Krieges hineinreicht. Die innere moralische Wohlordnung politischer Gemeinwesen wird daher auch durch als gerecht apostrophierte Kriege nicht stabilisiert, sondern vielmehr gefährdet. Erasmus betont hier einen Aspekt, der schon bei Augustinus eine Rolle gespielt hatte. Bereits der „Erfinder" der christlichen Lehre vom „bellum iustum" (vgl. Abschnitt 1.1) hatte darauf hingewiesen, dass Soldaten, auch wenn sie in einem solchen gerechten Krieg agieren, „gerade in emotional angespannten Situationen" in der Gefahr stehen, „sich von ihren Leidenschaften hinreißen" und zu Grausamkeiten bewegen zu lassen, so dass durch die Eigendynamik des Krieges schließlich mehr Schaden entsteht als durch das Unrecht, das der Krieg gerechterweise sühnen sollte.[113] Diese pessimistische Sicht scheint der Realität des Krieges durchaus zu entsprechen: „Je länger ein Krieg währt, desto unzweifelhafter wirkt er auch *verrohend.*"[114] Dieser Formulierung aus dem Jahr 1906 – gerichtet gegen Hegels Deutung des Krieges als eines Mittels zur Erhaltung der sittlichen Gesundheit der Völker[115] – ist ge-

---

108), 236, wo davon die Rede ist, dass kriegführende Fürsten gezwungen sind, „das verdorbenste Gesindel von Taugenichtsen" im Land aufzunehmen und zu bewaffnen.

113 *Weissenberg*, Die Friedenslehre des Augustinus (s. Anm. 34), 115; vgl. *Jensen*, Krieg um des Friedens willen (s. Anm. 27), 87 f.

114 *Ferdinand Kattenbusch*, Das sittliche Recht des Krieges, Gießen 1906, 14.

115 Vgl. *Georg Wilhelm Friedrich Hegel*, Grundlinien der Philosophie des Rechts (1821), in: *ders.*, Hauptwerke in sechs Bänden, Bd. 5, Hamburg 2015, 266 (§ 324).

genwärtig sinngemäß auch auf den Krieg zwischen Russland und der Ukraine bezogen worden. So hat der israelische Militärhistoriker Martin van Creveld eine Reihe von Grundsätzen zusammengestellt, die seiner Auffassung nach für alle Kriege gelten und deren Richtigkeit auch durch den Ukrainekrieg nicht in Frage gestellt wurde. Darunter findet sich die Formulierung: „Der Krieg nähert die Kriegsparteien einander an, weil er auf Nachahmung beruht. Je länger der Krieg andauert, desto ähnlicher werden sie sich."[116] – Mit dem letzten Zitat ist dieser Beitrag bei der aktuellen Lage angekommen. Im nun folgenden Schlussabschnitt wird versucht, die bisher gewonnenen Einsichten so zu sortieren, dass sie für eine Beurteilung der gegenwärtigen Situation hilfreich sein können.

3. Friedensethische Perspektiven

Kann es rechtmäßige Kriege geben, in denen Christen agieren (und töten!) können, ohne dadurch in Sünde zu fallen? Kann man wirklich sagen, „dass das Amt und Werk des Krieges an sich selbst recht und göttlich ist"?[117] Bei Erasmus wurde, wie gesehen, diese Frage grundsätzlich ebenso verneint wie im Schleitheimer Täufertum und im Spiritualismus Sebastian Francks. Allerdings: Erasmus hat auch die Meinung zurückgewiesen, „das Recht auf Kriegsführung sei den Christen überhaupt verwehrt".[118] Er räumt also ein, dass es Situationen

---

116 *Martin van Creveld*, Die Doktrinen, die helfen, einen Krieg zu gewinnen (12. Dezember 2022): https://www.welt.de/kultur/plus242620657/Ukraine-Die-Doktrinen-die-helfen-einen-Krieg-zu-gewinnen.html? (Zugriff am 11. Februar 2023).

117 *Luther*, Ob Soldaten in ihrem Beruf Gott gefallen können (s. Anm. 68), 563,37 f.

geben kann, in denen ein Krieg unvermeidbar ist und um der Eindämmung des Bösen willen geführt werden muss:

> „Wenn es sich aber in Anbetracht der Schlechtigkeit vieler Menschen partout nicht vermeiden lässt, wenn du nichts unversucht gelassen und in deinem Bemühen um den Frieden jeden Stein umgedreht hast, dann sorge zumindest dafür, dass das, was böse ist, auch von den Bösen verantwortet und mit einem Minimum an Blutvergießen beendet wird."[119]

Auch nach Erasmus kann es also, mit einer lutherisch geprägten Gegenwartsposition gesagt, im zwischenstaatlichen Bereich eine „vom Glauben bejahte Anwendung von Gewalt" geben, die allerdings auf solche Einsätze beschränkt bleiben muss, „die der Gewalt minimierenden zwischengesellschaftlichen Vertragsgemeinschaft zugute kommen".[120] In einer solchen Lage der Unvermeidbarkeit sind militärische Entschlossenheit und Effizienz gefordert, damit es bei einem „Minimum an Blutvergießen" bleibt. Mit anderen Worten: Man braucht *Menschen*, die militärisch entschlossen und effizient handeln. Dieses Anforderungsprofil ist aber immer auch, und gerade angesichts der notorischen Unsicherheit, was Dauer und Erfolg militärischer Maßnahmen angeht, ein „Katalysator" für die durch Erasmus plausibel beklagte Konjunktur charakterlicher Deformationen, zu der es à la longue auch in zweifelsfrei gerechten Kriegen kommen wird.

Die damit angesprochene Ambivalenz – man braucht genau die Kompetenzen, die leicht zur Entartung tendieren –

---

118 *Erasmus von Rotterdam*, Erörterung der Frage eines Kriegs gegen die Türken (s. Anm. 103), 397.

119 *Erasmus Von Rotterdam*, „Süß ist der Krieg den Unerfahrenen" (s. Anm. 108), 237.

120 *Eilert Herms*, Systematische Theologie. Das Wesen des Christentums: In Wahrheit und aus Gnade leben (3 Teilbde.), Tübingen 2017, 2326 (Teilbd. 2).

dürfte allerdings auch Luther vor Augen gestanden haben, als er zwischen dem an sich gottgefälligen *Werk* des Krieges und den möglicherweise sündenkontaminierten kriegführenden *Personen* unterschieden hat. In Verbindung mit der Ermunterung zum Festhalten an der Rechtfertigungsgewissheit hatte diese Differenzierung bei ihm eine zweifache Pointe. Durch sie sollte einerseits die Kampfkraft der aus religiösen Gründen innerweltlich zunächst allzu skrupulös agierenden Notwehr-Krieger forciert werden: *Der Soldat ist nur das Exekutivorgan von Gottes weltlichem Regiment.* Sie diente andererseits dazu, den drohenden Verrohungstendenzen mittels der Religion zuvorzukommen: *Persönliche Rache gehört nicht zur Exekution von Gottes weltlichem Regiment.* Erasmus tendierte dagegen zu der Auffassung, dass auch der ehrlichste Versuch, einen offensichtlich rechts- und sittenwidrigen Angriffskrieg „mit einem Minimum an Blutvergießen" zu beenden, letztlich doch zu einer dauerhaften „Verrohung der Sitten" führen wird. Denn er hat bezweifelt, dass der sich als Exekutivorgan von *Gottes* weltlichem Regiment betrachtende Mensch in der Realität des Krieges von seinen *eigenen* Rachegelüsten konsequent und erfolgreich abstrahieren kann. Das mag empirisch plausibel sein, ist aber schwerer als Luthers Zugriff vereinbar mit einem christlich-seelsorgerlichen Interesse an verteidigungsmotivierten Soldaten, die gebraucht werden, wenn alle Friedensbemühungen gescheitert sind.

Damit ist die vergleichende Gegenüberstellung der oben referierten Leitgedanken von Luther und Erasmus zu einer ambivalenten, ja paradoxen Konstellation vorgestoßen, die auch für aktuelle friedensethische Reflexionen von Bedeutung ist. Denn weder die Rede vom politischen Primat des Friedens noch der Verweis auf das völkerrechtlich bindende *Gewaltverbot*[121] können davon absehen, dass es aufgrund von

Angriffskriegen Notwehrlagen geben kann, in denen die Anwendung militärischer (Gegen-)Gewalt ohne Zweifel berechtigt und um des Überlebens des Angegriffenen willen unvermeidlich ist. Dabei gilt zunächst grundsätzlich: Je stärker die Angegriffenen motiviert und je besser sie ausgerüstet sind, desto schneller können erfolgte Angriffe zurückgeschlagen und mögliche zukünftige Angreifer abgeschreckt werden. Allerdings kann niemand zuverlässig prognostizieren, ob Kampfbereitschaft und militärtechnische Ressourcen wirklich zu einem schnellen Ende des Krieges führen werden oder ob nicht auch ein berechtigter Krieg am Ende „mehr Böses als Gutes" stiftet (Erasmus).[122] Ungeachtet dessen aber gilt: Verteidigungs- und Präventionsbereitschaft erzwingen bei den militärischen Akteuren die Kultivierung einer bestimmten Haltung. Diese Haltung impliziert, wie es zum Beispiel in der Zentralen Dienstvorschrift A-2600/1 der Bundeswehr festgehalten ist, neben der Bereitschaft zum „Einsatz der eigenen

---

[121] Vgl. zur Lage des Völkerrechts: *Leonhardt/Penßel*, Die evangelische Friedensethik, das Völkerrecht und Confessio Augustana 16 (s. Anm. 58), 135-137.

[122] Eine gewissermaßen erasmische Position findet sich tendenziell in denjenigen gegenwärtigen Äußerungen zum Ukrainekrieg, die, teilweise unterfüttert mit dem Hinweis auf die Schutzpflichten der Ukraine für Leib und Leben ihrer Bürger, einen diffusen Friedensbegriff bemühen, der, wie Helmut Philipp Aust kritisch bemerkt hat, „darauf basiert, dass im Zweifel ein angegriffener Staat im Interesse des Großen und Ganzen seine Verteidigungsleistung einzustellen habe" (*Philipp Aust*, Russland hat jedes Vertrauen verspielt, 2. Januar 2023: https://www.faz.net/aktuell/feuilleton/debatten/antwort-auf-reinhard-merkel-russland-hat-jedes-vertrauen-verspielt-18572153.html; Zugriff am 11. Februar 2023). – Bei diesem Beitrag handelt es sich um eine Antwort auf *Reinhard Merkel*, Verhandeln heißt nicht kapitulieren (28. Dezember 2022): https://www.faz.net/aktuell/feuilleton/debatten/gibt-es-fuer-die-ukraine-eine-pflicht-zur-verhandlung - 18561825.html (Zugriff am 11. Februar 2023).

Gesundheit und des eigenen Lebens", "in letzter Konsequenz" die Bereitschaft, "im Kampf auch zu töten".[123] In einem von der evangelischen Seelsorge in der Bundeswehr verantworteten Handbuch zur Friedensethik wird entsprechend betont, dass ein militärisches Schutzversprechen "nur dann gegeben werden sollte, wenn man es auch einhalten kann",[124] wenn man also in der Lage ist, die eingetretene Bedrohung durch Unschädlichmachung des Gegners abzuwenden.

Mit dem dezidierten Abstellen auf die Unschädlichmachung eines Gegners verbindet sich allerdings insofern ein moralisches Problem, als eine derartige Intention im Tagesgeschäft des menschlichen Handelns normalerweise nicht vorkommt bzw., wenn sie doch Platz greift, als verwerflich betrachtet wird. Das Verteidigungs- und Präventionsbereitschaft verbürgende Ethos steht daher in gewisser Weise quer zur Alltagsmoral. Zwar gilt: Die Menschen haben schon immer sich selbst und ihresgleichen auch im zivilen Normalleben permanent Gefahren ausgesetzt, etwa wenn sie "als Lokomotivführer, als Arbeiter in maschinellen Großbetrieben, als Seeleute usw." tätig waren.[125] Aber die in solchen Kontexten als *unbeabsichtigte Nebenfolgen* zu veranschlagenden Schäden werden im Kriegsfall *direkt intendiert*: "Der Feld-

---

[123] Zentrale Dienstvorschrift A-2600/1 „Innere Führung – Selbstverständnis und Führungskultur", Nr. 105: https://www.bmvg.de/resource/blob/13998/a0e22992bc053f873e402c8aaf2efa88/b-01-02-01-download1-data.pdf (Zugriff am 11. Februar 2023).

[124] Friedensethik im Einsatz. Ein Handbuch der Evangelischen Seelsorge in der Bundeswehr. Im Auftrag des evangelischen Militärbischofs hg. vom Evangelischen Kirchenamt für die Bundeswehr. Redaktionelle Leitung: Hartwig von Schubert, Gütersloh 2009, 279.

[125] *Kattenbusch*, Das sittliche Recht des Krieges (s. Anm. 114), 16. – Heute würden uns andere Beispiele einfallen.

herr, der in den Krieg zieht, will Menschen töten."[126] Dasselbe gilt übrigens auch für die Waffentechnik: Militärtechnische Überlegenheit kann zum schnellen Ende kriegerischer Auseinandersetzungen beitragen; ungeachtet dessen ist die Entwicklung solcher Waffentechnik vom Interesse an maximaler Schädigung des Gegners geleitet. „You that never done nothin'/But build to destroy" – so hat Bob Dylan in den frühen 1960er Jahren seinen Protest gegen die atomare Aufrüstung des Kalten Krieges zum Ausdruck gebracht,[127] der auch ganz allgemein gegen die Entwicklung von Waffentechnik gerichtet werden kann.

Jetzt ist deutlich, worin die angesprochene Paradoxie konkret besteht. Einerseits: Wer Krieg als „unter bestimmten Voraussetzungen zulässig" oder auch nur als „nicht prinzipiell unzulässig" erklärt, der geht unweigerlich, wenn auch unbeabsichtigt, eine Art Bündnis mit den Kräften der Destruktion und der Verrohung ein, bei dem erst im Nachhinein klar wird, ob es letztlich dem Frieden gedient hat und – theologisch formuliert – als Ausübung von Gottes weltlichem Regiment gelten konnte. Andererseits: Wer Krieg als „prinzipiell unzulässig" erklärt, steht entweder, wenn auch unbeabsichtigt, in der Gefahr, die Durchsetzung eines Rechts des Stärkeren zu befördern (denn es ist ja empirisch höchst unwahrscheinlich, dass sich Angreifer vom Friedenswillen ihrer Opfer moralisch beeindrucken lassen). Oder er erweist sich als Nutznießer jenes militärischen Verteidigungshandelns, dem er die Legitimation abspricht und dessen Akteuren er – theo-

---

126 Ebd.
127 „Ihr, die ihr nie anderes getan habt/Als bauen, um zu zerstören" (Bob Dylan, Lyrics 1962–2001. Sämtliche Songtexte, deutsch von Gisbert Haefs, Hamburg 2005, 116 f.). – Es handelt sich um den Titel „Masters of War" von der LP „The Freewheelin' Bob Dylan" (1963).

logisch formuliert – allenfalls einen zweitklassigen christlichen Glauben attestieren kann.

Inwiefern kann die aufgewiesene friedensethische Paradoxie für die Beurteilung der gegenwärtigen Lage hilfreich sein? Die Antwort ist zunächst ernüchternd: Es wird gerade *keine Lösung* aufgezeigt, die einer nachhaltigen Bewältigung friedensethischer Fragen dienen könnte; die Einsicht in die dargestellte Paradoxie führt lediglich die *aporetische Problemkonstellation* vor Augen. Allerdings, und das ist speziell für die christliche Perspektive auf friedensethische Fragen von Bedeutung, warnt sie zugleich vor dem gerade auch gegenwärtig leider immer wieder unternommenen fahrlässigen Versuch, eine konkrete Position als exklusiv christentumskompatibel zu behaupten. Es war übrigens ausgerechnet Karl Barth, der, bevor er dem barocken Eindeutigkeitspathos seines Spätwerks verfiel, den Gedanken einer möglichen (gar vollumfänglichen) Entsprechung von christlichem Glauben und humanem Ethos programmatisch abgewiesen hat. Vor gut 100 Jahren hat der Schweizer Theologe, geleitet von dem Interesse, das theologische Nachdenken vor einer Dominanz durch menschliche Interessen zu schützen, alle moralischen Möglichkeiten des Menschen unter einen theologischen Grundsatzvorbehalt gestellt: „alle ethischen Möglichkeiten [unterliegen] einer letzten *Krisis*".[128] Das christliche (das „auf Grund der Erbarmungen Gottes geforderte") Ethos muss deshalb „auf die große Störung des Menschen (*jedes* Menschen)" hinauslaufen.[129] Konkret bedeutet das unter anderem: „Eine

---

128 Karl Barth, Der Römerbrief, Zweite Fassung 1922, hg. von *Cornelis van der Kooi* und *Katja Tolstaja*, Zürich 2010 (Karl Barth-Gesamtausgabe, Bd. 47), 618.

129 A. a. O., 584.

Kirche, die weiß, was sie will, wird sich also mit starker Hand den Militarismus, mit freundlicher Geste aber auch den Pazifismus – vom Leibe halten."[130]

Damit ist zwar die Verweigerung einer Vollidentifikation des christlichen Glaubens mit Militarismus und Pazifismus angesprochen. Eine solche Verweigerung bedeutet aber keine Äquidistanz. Vielmehr wird, sozusagen „unterhalb" einer Vollidentifikation und im Anschluss an den auch von Luther im Votum zur Wurzener Fehde herangezogenen Vers Röm 12,18, die Priorität der Friedenssuche betont. Zugleich setzt sich Barth – gegen den „Lutheraner" – von den Versuchen ab, das soldatische Gewissen von religiösen Skrupeln freizuhalten: „Der Mensch soll kein ‚gutes Gewissen' haben weder im Krieg noch im Frieden."[131]

Neben der Unüberwindbarkeit der notierten friedensethischen Paradoxie sollte aus christlicher Perspektive noch die zuletzt erwähnte theologisch fundierte Friedenspriorisierung präsent gehalten werden. Bezüglich der gegenwärtigen Kriegslage und der damit befassten politischen Debatten in Deutschland legt sich vor diesem Hintergrund ein kritischer Blick auf bestimmte aktuelle Voten nahe. Zunächst sei eine viel zitierte Äußerung angeführt, die vom Vorsitzenden des Auswärtigen Ausschusses im Bundestag, Michael Roth (SPD), stammt; sie lautet: „Sicherheit kann es in Europa nur noch gegen, nicht mit Russland geben." Bemerkenswert ist hier die konsequente Abblendung der Perspektive einer zukünftigen Verständigung zwischen der Ukraine sowie ihrer europäischen Partner und dem gegenwärtigen Aggressor. Denn nach Roths Aussage darf Russland, ungeachtet dessen, wann und

---

130 A. a. O., 632.
131 A. a. O., 630 f.

wie der Krieg zu Ende geht, nur noch als permanenter Feind zu stehen kommen. Zugegeben: Verständigung oder gar Versöhnung stehen *in absehbarer Zeit* nicht auf der Tagesordnung. Zugleich aber gilt: Es gibt *langfristig* keine politisch vernünftige Alternative zur Herstellung einer verständigungsbasierten Koexistenz. Jedenfalls wäre es schlicht absurd, ein Land wie die russische Föderation, deren europäischer Flächenanteil mit etwa 3.950.000 km² mehr als zehnmal so groß ist wie das Territorium der Bundesrepublik (ca. 355.000 km²), als Dauerfeind behandeln zu wollen. Die christlich gebotene Priorisierung der Friedenssuche, die dem evangelischen Christen Michael Roth vertraut sein sollte, legt auch politisch die bessere Option nahe. Hinzuzufügen ist allerdings: Um die politische bessere Option handelt es sich nur dann, wenn die Verständigungsbereitschaft flankiert ist durch effiziente Präventionsmaßnahmen für den Fall eines Scheiterns der Verständigungsbemühungen. Friedensinteresse und Verteidigungsbereitschaft sind also mitnichten Gegensätze, sondern, im Gegenteil, zwei Seiten derselben Medaille.

Weitere gegenwärtig umlaufende kurzschlüssig-apodiktische Äußerungen betreffen die deutsch-russischen Wirtschaftsbeziehungen. So formulierte die amtierende deutsche Außenministerin im Mai 2022: „Deshalb reduzieren wir mit aller Konsequenz unsere Abhängigkeit von russischer Energie auf Null – und zwar für immer." Baerbocks Parteigenosse Cem Özdemir hat sich etwa einen Monat später ganz ähnlich geäußert: „Es kann nicht sein, dass wir im Friedensfall erneut russisches Gas oder Öl importieren." Hinter solchen Äußerungen steht erkennbar eine bestimmte – hier nicht weiter zu kommentierende – energiepolitische Ideologie. Dabei wird aber der Zusammenhang zwischen dem Interesse an wirtschaftlichen Beziehungen und der Friedensbereitschaft gänzlich ignoriert. Auf diesen Zusammenhang hat prominent Immanuel Kant mit seinem Lob des „Handelsgeists" im Garantie-Zusatz der Friedensschrift hingewiesen.[132] „Es ist", so schreibt er, „der Handelsgeist, der mit dem Kriege nicht zusammen bestehen kann". Aufgrund ihrer ökonomischen Interessen „sehen sich Staaten [...] gedrungen, den edlen Frieden zu befördern, und, wo auch immer in der Welt Krieg auszubrechen droht, ihn durch Vermittelungen abzuwehren, gleich als ob sie deshalb im beständigen Bündnisse ständen"[133]. Zwar ist richtig: Das Kantsche Kalkül geht nicht immer auf. Dass es aber nie funktioniert, ist auch falsch. Nach 1945 hat gerade der Westteil Deutschlands von einer solchen Dynamik profitiert; die wirtschaftliche Zusammenarbeit zwischen den europäischen Staaten und der alten Bundesrepublik war ja zweifellos ein wichtiger Schritt in einer langen Abfolge politischer Neuverständigungs- und Aussöhnungsprozesse. Das zitierte „Nie wieder" ist also ebenso unvernünftig wie geschichtsvergessen. – Insofern bleibt zu hoffen, dass die zitierten Äußerungen lediglich von tagesaktueller Bedeutung sind und keinen signifikanten Einfluss auf die langfristig zu gestaltende Außen- und speziell Russlandpolitik Deutschlands haben werden.

---

[132] Vgl. zu Kants Friedensschrift den Beitrag von *Volker Gerhardt* in diesem Band.

[133] *Immanuel Kant*, Zum ewigen Frieden. Ein philosophischer Entwurf (1795), in: Kants gesammelte Schriften. Hg. v. der Königlich-Preußischen Akademie der Wissenschaften, Bd. 8: Abhandlungen nach 1781 (1912, ²1923), Neudr. Berlin 1968, 341–386 (ed. *Heinrich Maier*), 366.

Volker Gerhardt
Das Neue in Kants Theorie des Friedens

1. Friedensruf in der Form einer Theorie der Politik

Kants kleine Schrift „Zum Ewigen Frieden" erschien 1795 wenige Monate nach dem Friedensschluss der beiden großen monarchischen Landmächte in der Mitte Europas, *Preußen* und *Österreich*, mit der aus der Revolution hervorgegangenen *Französischen Republik*. Es war nicht nur der Friedensschluss als solcher, der Kant motivierte, sondern gewiss auch die Anerkennung einer Form der Verfassung, die seit Jahrhunderten verächtlich gemacht und als Widersacher der Monarchie schlechthin bekämpft worden war. Für Kant bestand das Unerhörte der im April 1795 in Basel erzielten Vereinbarung darin, dass zwei Königreiche bereit waren, ihrem Gegner, der erst zwei Jahre, zuvor, im Januar 1793 den eigenen König hingerichtet hatte, die Hand zu reichen und Frieden zu schließen.

Kant war Untertan des preußischen Königs. Er hatte schon die Unabhängigkeitsbestrebungen der Neuenglischen Kolonien in Amerika unterstützt, hatte deren Trennung von der englischen Krone befürwortet und die Gründung der Vereinigten Staaten von Amerika begrüßt. Mit Blick auf die nachfolgenden Vorgänge in Paris hatte er die Argumente der Vertreter des Dritten Standes in Königsberg selbst so vernehmlich vertreten, dass Kants Freunde fürchteten, der Preußische König könne ihn seines Amtes als Professor entheben.

Das war in den Jahren 1789 bis 1792. Und nun, im Frühjahr 1795, schließt dieser in Berlin Hof haltende König im Verein mit dem Wiener Kaiser (zusammen mit dem gekrönten spanischen Oberhaupt) einen rechtswirksamen Vertrag mit den Revolutionären in Paris!

Vor diesem Hintergrund liegt Kant nicht nur an einem „Friedensruf", so groß und bedeutend dessen seit der Antike bestehende Tradition mit deren Erneuerung durch den neuzeitlichen Humanismus auch ist. Hier ist vor allem an Erasmus von Rotterdam zu denken, der Impulse von Cicero und seinen christlichen Erneuerern aufnimmt und über Melanchton, Thomas Morus und Montaigne sowie über die neuzeitlichen Natur- und Menschenrechtslehrer hinaus bis in die Aufklärung des 18. Jahrhunderts wirksam ist.[1] Doch es ist keineswegs nur das bis heute drängende Menschheitsthema des Friedens, das Kants schmalem Bändchen sein großes Gewicht verleiht:

Es ist vielmehr der aktuelle politisch-theoretische Horizont, in dem Kant seine Argumentation entwickelt. In ihm kann er es sich erlauben, nicht den moralischen Appell in den Vordergrund zu stellen, sondern sich durchgängig mit elementaren Fragen der Organisation des Politischen zu befassen, die freilich ihr Fundament und ihr personales Rückgrat in moralischen Überzeugungen haben. Es sind vornehmlich die aus den Prämissen der Freiheit und Gleichheit erwachsenen, von Kant in einen globalen menschenrechtlichen und

---

1 Zu dieser Tradition verweise ich auf die Darstellung von *Friedrich von Raumer*, Ewiger Friede. Friedensrufe und Friedenspläne seit der Renaissance, Freiburg 1953, und erinnere ganz allgemein an das, was uns von Sokrates, Platon, Cicero, Jesus, Pico della Mirandola, Erasmus von Rotterdam, Bartolomé de Las Casas und vielen anderen überliefert ist. Dazu in Kürze: *Volker Gerhardt*, Individuum und Menschheit, München 2023.

uneingeschränkt öffentlichen Rahmen gestellten politiktheoretischen Fragen, die den Philosophen, trotz der mehr als 200 Jahre, die seit der Publikation der Friedensschrift vergangen sind, wie einen Zeitgenossen des 21. Jahrhunderts erscheinen lassen. Dass Kant darüber die moralischen Fragen nicht vergisst, versteht sich bei ihm von selbst.

Aus heutiger Sicht lässt sich die philosophisch-politische Innovation des Entwurfs „Zum ewigen Frieden" in zehn Punkten zusammenzufassen. Sie sind im nachfolgenden 2. Abschnitt zusammengefasst und beziehen sich darauf, dass Kant bereits im ersten Präliminarartikel ein allein auf den Willen der Bürger gegründetes Staatsprinzip exponiert, das dann in den Definitivartikeln die Einführung eines neben der Freiheit und Gleichheit stehenden Prinzips der wechselseitigen Abhängigkeit verlangt. Trotz der von ihm noch in der Friedensschrift geäußerten Bedenken gegen das angeblich bestehende Einstimmigkeitsgebot der Demokratie, tritt er in der Sache bereits durchgängig mit demokratischen Argumenten für die Rechte Einzelner, gegen die Vorrechte des Adels und für das Prinzip der Reform ein. Hinzu kommt seine Forderung nach weltweiter Anerkennung des Weltbürgerrechts und macht deutlich, warum die Öffentlichkeit als Garant sowohl für das geltende Recht wie auch für die Ermöglichung gewaltloser Veränderungen angesehen werden kann.

Am Ende macht Kant klar, dass die Aufgabe der Politik sich nicht in der Wahrung der Freiheit in rechtsicheren Räumen erschöpft, sondern letztlich dem Glück der Menschen zu dienen hat! Die „eigentliche Aufgabe der Politik", so schließt er seinen Traktat, sei die „Glückseligkeit des Publicums". Von dieser Glückseligkeit haben wir zwei Absätze zuvor lesen können, dass zu ihr auch die „Menschenliebe" gehört – verbunden mit der als „Pflicht" begriffenen „Achtung fürs Recht der Menschen" (8, 385).[2]

Im 3. Abschnitt der vorliegenden Deutung, der eigentlich nur Kants eigenes Nachwort wiedergibt, das wir unter den Titel „Das selbstverschuldete Ende der Menschheit" stellen, erinnern wir an die von Kant selbst angestellte Spekulation über die *naturgeschichtliche Zukunft des Menschen*.

Die Spekulation ist auf das mögliche Ende des menschlichen Lebens auf der Erde bezogen, das, Kant zufolge, schon bald eintritt, wenn es der Menschheit nicht gelingt, der Kriegsversessenheit der Staaten Einhalt zu gebieten. Nur unter Bedingungen eines weltweiten Friedens bleibt der Menschheit noch Zeit, um ihre kulturellen Potenzen so zu entfalten, dass alle von Kant zu Weltbürgern erklärten Menschen gleichberechtigt an der Politik teilhaben können. Sollte das nicht gelingen, dürfte sich die der Menschheit noch verbleibende Lebensfrist rasch verkürzen.

Das mag mit Blick auf den vertrauten geschichtsphilosophischen Optimismus, der den Aufklärer Immanuel Kant auszeichnet, überraschen. Doch die immer wieder die Oberhand gewinnende blinde Kriegslust der Menschheit löst bei ihm Befürchtungen aus, von denen er in der letzten von ihm noch selbst veröffentlichten Schrift, dem „Streit der Fakultäten", nicht schweigen kann.

Denn trotz des selbstverschuldeten, vorzeitigen Endes

---

[2] Die in Klammern gesetzten Ziffern weisen die Fundstellen in Kants Schrift „Zum ewigen Frieden. Ein philosophischer Entwurf" mit der Nennung der Band- und Seitenzahl in der Akademie-Ausgabe der Werke Kants aus: *Immanuel Kant*, Zum ewigen Frieden. Ein philosophischer Entwurf (1795), in: Kants gesammelte Schriften. Herausgegeben von der Königlich-Preußischen Akademie der Wissenschaften, Band 8: Abhandlungen nach 1781 (1912, ²1923), Neudr. Berlin 1968, 341–386 (ed. *Heinrich Maier*).

aller Politik kann es nach Kant keinen Zweifel am *Naturfundament* seiner politischen Theorie und schon gar nicht an der auf diesem Grund errichteten *juridischen Verfassung* geben. Zwar ist für die Menschen entscheidend, dass der *moralische Selbstanspruch*, den Kant von den Menschen aller Zeiten verlangt, nicht preisgegeben werden darf. Ja, man kann sagen, dass der Mensch schon das Wissen von seiner eigenen Geschichte nicht ohne diesen Anspruch ertragen kann. Und am definitiven Ende der Geschichte der Menschheit, die zwar nicht das Ende von allem, wohl aber *allen menschlichen Lebens* sein wird, dürfte die *Wahrung seiner eigenen Würde* das Einzige sein, was ihm bleibt.

Die Verbindung dieses Ausblicks auf das durch eigene Schuld beschleunigte Ende der Menschheit mit den Darlegungen in der Friedensschrift stellt Kant selbst her, indem er erneut auf die überall verbreitete Bereitschaft, Kriege zu führen, verweist und damit auch auf die Leichtfertigkeit der Kriegsherren, mit der sie die Menschen sich wechselseitig „schlachten" lassen.[3] Damit handeln die Menschen gegen ihre Natur, schwächen sich gegenseitig und können umso leichter Opfer anderer Lebewesen werden, die nach ihnen die Vorherrschaft auf der Erde übernehmen.

Und eben damit nimmt die Naturgeschichte ihren Lauf: Gestützt auf die Mutmaßungen zeitgenössischer Anthropologen, die Kant nicht überraschten, weil er in seiner Kosmologie schon 1755 davon ausgegangen war, dass die Menschheit nur eine begrenzte Lebensfrist auf der Erde haben werde, präzisiert er seine Vision vom eines Tages bevorstehenden *Ende der Menschheit*: Noch ehe die Erde durch die abnehmende Umlaufgeschwindigkeit in ihrem elliptischen Lauf um die

---

[3] *Immanuel Kant*, Der Streit der Fakultäten (7, 89).

Sonne in ihr Zentralgestirn stürzt und verglüht, werden andere Lebewesen den Menschen verdrängen. Angesichts der verbreiteten Friedlosigkeit der Staaten und der zunehmend „höllisch" wirkenden Waffen (8, 347), nimmt die Wahrscheinlichkeit zu, dass die Menschheit als Ganze ihre Lebensdauer mutwillig verkürzt. Und so steigt die Chance, dass andere Lebewesen das Geschehen auf der Erde dominieren und den Menschen verdrängen.

Das ist kein „Weltuntergang" und gewiss auch kein „Gottesgericht", sondern ein bloßes Verschwinden. Dagegen tritt Kant mit seinem exponierten Friedensgebot an, damit der Mensch noch die Chance hat, ein selbstbestimmtes Leben nach eigener Einsicht und im Einvernehmen mit seinesgleichen zu führen. Und um dazu nicht nur die Kraft, sondern auch die Hoffnung auf ein Gelingen zu haben, das dem Menschen die Zuversicht gibt, auch nach seinem Ende im Einvernehmen mit dem Ganzen zu stehen, braucht er den Glauben an ein göttliches Wesen.

2. Zehn zentrale Punkte in Kants politischer Theorie

Erstens: Ein neues Staatsverständnis. Kant hat eine an Nüchternheit gar nicht zu überbietende Sicht auf den Staat: Der Staat ist die Einheit, in der eine Gemeinschaft von Menschen *über sich selbst verfügt.* Ihre zentrale Aufgabe liegt in der *politischen Selbstbestimmung* einer Menge von Menschen. Das geht aus seiner – eher beiläufig an den Anfang gestellten – Definition des Staates hervor: Ein Staat, „ist eine Gesellschaft von Menschen, über die Niemand anders, als er selbst zu gebieten und zu disponiren hat" (8, 344).[4]

---

[4] Auf ergänzende historische und systematische Erläuterungen muss im

Hier wird die *Selbstbestimmung aller* Bürger zum Definiens des Staates, in dem sie leben. Damit sind sämtliche Ansprüche auf den Vorrang einer Klasse von Menschen, eines herrschenden Geschlechts oder eines Autokraten, so groß seine Überlegenheit auch sein mag, null und nichtig. Wenn Kant sich auf die „Idee des ursprünglichen Vertrages" beruft (8, 344), dann unterstellt er, dass jeder Einzelne als gleichberechtigter Staatsbürger Träger der staatlichen Vereinigung ist. Er ist dies als Person und als *mündiges Glied* einer Gemeinschaft, die in ihrer Gesamtheit über die Ordnung, die Zielsetzung und die Bestimmung des Staates nach von ihr selbst beschlossenen Gesetzen befindet.

Das muss man auch deshalb hervorheben, weil Kants kleine Schrift bis heute mit dem Missverständnis verbunden ist, hier werde nur ein „süßer Traum" (8, 343) geträumt, der bestenfalls moralische Bedeutung haben könne. Diesen Traum kann und soll jeder träumen, und seine moralische Verantwortung hat der Einzelne allemal, unabhängig davon, ob er sich als Privatperson oder als Bürger begreift. Aber im Vollzug der staatlichen Selbstverwaltung kommt es darauf an, dass alle Entscheidungen mit der mehrheitlichen *Zustimmung aller* gefällt und in der arbeitsteiligen *Gemeinschaft aller* ausgeführt werden.

So impliziert die Staatsdefinition Kants bereits den Modus ihres praktischen Vollzugs. Nur eine Gemeinschaft, die *allen* ihren Mitgliedern gleiche Rechte und Pflichten bietet und

---

vorliegenden Text verzichtet werden. Sie finden sich in meinem Kommentar zu Kants Schrift „Zum ewigen Frieden", der 1995 in Darmstadt erschienen ist (*Volker Gerhardt*, Immanuel Kants Entwurf „Zum ewigen Frieden". Eine Theorie der Politik, Darmstadt 1995). Zehn Jahre später ist eine dritte Auflage erschienen. 2023 soll eine durchgesehene und aktualisierte Neuauflage folgen.

auferlegt, genügt dem Verständnis eines Staates, wie Kant ihn zum Regelfall einer kommenden Weltordnung erklärt, in der „Frieden ohne Vorbehalt" (8, 344) herrschen kann.

Zweitens: Ein soziologischer Blick auf Krieg und Frieden – und seine rechtliche Konsequenz. Kant geht vom dichten Zusammenhang vieler *gesellschaftlicher Aktivitäten* mit dem Kriegsgeschehen aus; er versucht, dem in seiner Beschreibung der Ausgangslage des politischen Handelns Rechnung zu tragen. Das gilt insbesondere angesichts der immer dichter werdenden wirtschaftlichen und finanziellen Verflechtungen, die sich aus der letztlich unvermeidlich werdenden weltweiten Kooperation aller ergeben. Dabei ist Kant klar, dass die *Kreditwirtschaft* bereits mit ihrer Entstehung eine wesentliche Größe ist, die es den Politikern leicht macht, Kriege zu führen. Deshalb schlägt er vor, Kriegsanleihen grundsätzlich zu verbieten. Die „Geldmacht", so schreibt er, sei das „zuverlässigste Kriegswerkzeug" (8, 345) überhaupt.

Im Gegenzug spricht er sich dafür aus, die zwischenstaatliche Handelstätigkeit zu fördern. Ein für alle Beteiligten vorteilhafter Handel, so seine Annahme, vermindere die Neigung zu kriegerischen Auseinandersetzungen. Das gilt, wie wir heute genauer wissen, nur unter Bedingung verlässlicher *wechselseitiger Rechtsbeziehungen* der Staaten untereinander. Auf sie legt Kant dann auch den denkbar größten Wert. Dabei ist er davon überzeugt, dass es *Rechtssicherheit* nur geben kann, wo den Menschen *gleiche Grundrechte* zugesichert sind.

Allerdings spricht er nicht vom Aufbau einer grenzüberschreitenden *Gerichtsbarkeit.* Vielleicht nimmt er Rücksicht auf den Argwohn, mit dem die Fürsten seiner Zeit ihre Souveränität verteidigen. Doch das hilft ihnen wenig; denn in Kants Zurückhaltung liegt kein Verzicht auf eine internationale Rechtsprechung! Denn ihm ist klar, dass es ohne zwischenstaatlichen Rechtsschutz keine wirksame Rechtsgeltung gibt. Auch und gerade im globalen Zusammenhang sind Absprachen gar nichts wert, wenn es keinen international wirksamen Rechtsschutz gibt.

Den hat das *Völkerrecht* zu schaffen, von dem Kant in der Friedensschrift in einer abschätzigen Bemerkung über drei ihrer weithin gerühmte Gründer spricht.[5] Aber seine wiederkehrende Betonung der Geltung von Verträgen und Prinzipien wäre in den Wind gesprochen, wenn er keine gesicherten Verbindlichkeiten gäbe. So besteht Kant auf der Unverletzlichkeit der Grenzen eines souveränen Staates und auf der Wahrung des Weltbürgerrechts. Ohne rechtliche Sicherung ergäbe das gar keinen Sinn. Und so haben wir auf die zwei Jahre später erschienene Rechtslehre zu verweisen, in der Kant dem *Völkerrecht* eine die Staatsgrenzen überschreitende Geltung zuweist. Und da es im 18. Jhdt. bereits Ansätze zu einer Schiedsgerichtsbarkeit in Grenz- und Handelskonflikten gibt, dürfen wir annehmen, dass er deren Ausweitung auf alle Probleme der internationalen Rechtsordnung im Blick hat. Doch ihm dürfte klar gewesen sein, dass der Ausbau eines Völkerrechts, dessen Entscheidungen verbindlich sind, eine Aufgabe für Generationen von Juristen und Politikern darstellt.

Entsprechendes gilt für die verbindliche Geltung von staatlichen Verfassungen. Kant dürfte nicht entgangen sein, dass die 1789 in Kraft gesetzte Verfassung der Vereinigten Staaten von Amerika ein *Verfassungsgericht* vorsah. Ihm müsste

---

5 Dazu des Näheren unten in Punkt Zehn. In der 1797 publizierten Rechtslehre seiner „Metaphysik der Sitten" führt Kant die Notwendigkeit des *Völkerrechts* vor Augen, dessen große Zukunft seine Erörterung erahnen lässt.

auch klar gewesen sein, dass alle Republiken einer solchen Selbstversicherung bedürfen. Doch sie weltweit zu schaffen, benötigte Zeit. In Europa gelang es erst nach der Katastrophe des 1. Weltkriegs, die Staaten zu veranlassen, sich ernsthaft mit der Einrichtung einer wirkungsvollen Verfassungsgerichtsbarkeit zu befassen. Sie ist ein wesentliches Element in der Reihe der Möglichkeit einer Bewahrung des Friedens innerhalb eines Staates, die ihrerseits eine wesentliche Voraussetzung des Friedens zwischen den Staaten ist.

Drittens: Die rechtliche Fundierung der Politik. Kants Ausführungen zur Wahrung der republikanischen Prinzipien und der universellen Geltung des *Weltbürgerrechts* sind das Rückgrat seiner Friedenstheorie. Sie erlauben ihm seine unbedingte Kritik am *Kolonialismus*, am *Rassismus* und an der *Sklaverei* (8, 358). Dabei wird unterstellt, dass die finanziellen und ökonomischen Aktivitäten von elementarer politischer Bedeutung sind. Ihre Regelung kann aber nur erfolgreich sein, wenn zugleich die Rechte eines jeden Einzelnen überall gelten und universell geachtet werden. Also geben nach den *Präliminarartikeln* die drei *Definitivartikel* der Friedensschrift zu erkennen, auf welche Gründe sich Kants nachfolgendes Plädoyer für den Föderalismus der Staaten stützt.

Ein originäres Moment seiner Diagnose ist Kants hellsichtige Warnung vor der *Eigenlogik der Rüstung*. Die Rede vom *Friedhof*, von der er bereits in der an die Staatsoberhäupter gerichteten Vorrede Gebrauch macht und auf die ja schon der Titel „Zum ewigen Frieden" anspielt, nimmt in der Folge die Form einer realen Zukunftsperspektive an. So spricht Kant vom politischen „Despotism", der die Menschheit auf den „großen Kirchhofe der Menschengattung" bringen kann, auf dem alle ihr vorzeitiges Ende finden (8, 347 u. 367). Zwei Jahre später, wenn er der menschlichen Gattung als ganzer ein vorzeitiges Ende vorhersagt (und damit deutlich macht, dass er alles andere als einen unbedenklichen Zukunftsoptimismus vertritt), sieht er die Gefahr, dass die Menschheit früher als gedacht zugrunde geht, sollten die Staatsoberhäupter weiterhin ihre wesentliche Aufgabe darin sehen, ihre Untertanen in den Kriegen zu „schlachten".[6]

In der Friedensschrift hat Kant seine frühere Ansicht aufgegeben, dass Kriege die Fähigkeiten der Menschen so herausfordern, dass die Offiziere der Menschheit ein Beispiel an Mut, Ehrbewusstsein und Standhaftigkeit geben.[7] Diese Tugenden will er dem Einzelnen auch hier gewiss nicht absprechen; nun aber betont er, dass der Krieg dem Leben entgegensteht, weil er den Menschen die Freiheit raubt, während der Frieden den „lebhaftesten Wetteifer" der Menschen ermöglicht und damit die Entfaltung ihrer Produktivität begünstigt (8, 367). Mit der unablässigen Verbesserung der Waffen droht der Krieg überdies, zu einer Gefährdung aller Menschen zu führen und so zu einem „Ausrottungskrieg" zu werden, der in absehbarer Zeit keine Menschen mehr am Leben lässt (8, 347). Angesichts der hundertfünfzig Jahre später erfolgten Erfindung der Atomwaffen ist offenkundig geworden, dass Kant nicht übertrieben hat.

Dem Leben dienen nach Kant alle Kräfte der Vernunft. Das gilt auch für die Leistungen der Kritik, so dass man allen Grund hat, Vernunft und Leben in ihrem systematischen Zusammenhang zu begreifen.[8] In Kants Theorie des Friedens hat diese Verbindung eine besondere Aktualität.

---

6   *Immanuel Kant*, Der Streit der Fakultäten (7, 89).
7   So noch 1790 in der „Kritik der Urteilskraft" § 28 (5, 263).
8   Dazu *Volker Gerhardt*, Immanuel Kant. Vernunft und Leben, Stuttgart ²2019.

Unter den drei tragenden Prinzipien einer republikanischen Staatsverfassung: Freiheit, Gleichheit und Abhängigkeit, werden die ersten beiden in der Theorie bis heute als politische Selbstverständlichkeit angesehen und angemessen betont, so schwer ihre Begründung auch fallen mag.

In der 1785, also zehn Jahre vor der Friedensschrift erschienenen „Grundlegung zur Metaphysik der Sitten" hat Kant die Freiheit als „Autonomie" und „Selbstbestimmung" definiert, wobei ihm das philosophische Kunststück gelungen ist, sie mit der Gesetzlichkeit zu verbinden und sie damit zugleich von dem Verdacht zu befreien, sie äußere sich in der Willkür eines einzelnen Menschen. Die recht verstandene Freiheit liegt vielmehr in der Selbstbestimmung, die zu ihrer Gewissheit in der autonomen Selbstgesetzgebung des Individuums findet. Die hat den Vorzug, die Freiheit einer Person als eben das zu verstehen, was bei jeder anderen Person auch vorausgesetzt werden muss. Also ist die Gleichheit eine wesentliche Implikation der Freiheit – und in ihrem Freiheitsanspruch sind alle Menschen gleich.

Das Prinzip der Abhängigkeit bekommt erst in Verbindung mit Freiheit und Gleichheit ihre Relevanz. In der Natur ist Abhängigkeit die durchgängige Realität, und in der Gesellschaft besteht sie keineswegs nur in den ersten Lebensjahren oder im Alter des einzelnen Menschen. Denn alle auf andere Menschen gerichteten Bedürfnisse beruhen auf Abhängigkeiten und schaffen weitere, die damit in der Regel auch gewollt und nicht selten sogar gewünscht werden. Hier bereits kündigt sich der befremdlich erscheinende Zusammenhang von Freiheit und Abhängigkeit an.

Gleichwohl stehen sich Freiheit und Abhängigkeit diametral gegenüber. Deshalb kann es verwundern, dass unmittelbar nach der politischen Auszeichnung der Freiheit als *dem ersten Prinzip* einer republikanischen Verfassung, die durch sie überwundene *Abhängigkeit als zweites republikanischen Prinzip* genannt wird. Besteht die Abhängigkeit nicht ohnehin in allen zur Natur und zum Alltag gehörenden Vorgängen fort?

So ist es, und es bedarf daher der Erklärung, warum Kant Wert darauf legt, diese ohnehin zur physischen, biologischen und sozialen Realität gehörende rechtliche Abhängigkeit für besonders erwähnenswert zu halten. Die Erklärung für den Zusammenhang besteht darin, dass er sie hier – so wie er es auch bei der Freiheit und der Gleichheit für nötig hält – zum *politischen Prinzip* erhebt. Er bestreitet damit nicht, dass es sie ohnehin in Natur und Gesellschaft gibt. Er sieht sich auch nicht veranlasst, sie als wirksames Moment in allen möglichen Gegenstandsfeldern zu erweisen – genauso wenig, wie er sich im politischen Kontext auch nicht genötigt sieht, die Möglichkeit von Freiheit und Gleichheit zu beweisen. Das ist ja längst in den ersten beiden *Kritiken* erfolgt. Hier kommt es allein darauf an, *Freiheit*, *Gleichheit* und *Abhängigkeit* als gleichrangige *Prinzipien* politischen Handeln auszuzeichnen, die in der Begründung politischen Handeln maßgeblich sind.

In der Tradition des politischen Handelns versteht sich das für *Freiheit* und *Gleichheit* von selbst. Und auch für die ersten Theoretiker der Politik, wie etwa für Platon, Aristoteles und Cicero ist es eine Selbstverständlichkeit, dass der Lebenszusammenhang einer Gemeinschaft, mit ihren natürlichen, historischen und kulturellen Gegebenheiten ein Argument in der Begründung politischer Entscheidungen sein kann. Diese Selbstverständlichkeit aber hat sich in der Moderne abgeschwächt. So konnte in der Tradition des Liberalismus die *Priorisierung der Freiheit* so weit gehen, dass die Gleichheit der Menschen kaum noch ins Gewicht fiel. Und im Gegenzug gab es dann schon in den frühen, nachreformatorischen Revolten den Anspruch, alle Besitz- und Standesunterschiede einzuebnen. Zu welchen theoretischen und praktischen Schlussfolgerungen das führen kann, hat später der Kommunismus vor Augen geführt.

Beiden Extremen, der Verabsolutierung von Freiheit oder Gleichheit beugt Kant vor, indem er das *Prinzip der Abhängigkeit* in deren Mitte stellt. Es verpflichtet die politisch Handelnden zur Wahrnehmung der natürlichen und der gesellschaftlichen Realität. Mit Blick auf die Frage von Krieg und Frieden erlaubt es, dass eine *Mehrheit* Beschlüsse fasst, deren Folgen dann von *allen Bürgern* zu tragen sind. Das bringt Kant durch die knappe Begründung auf den Punkt, dass die *Abhängigkeit* darin besteht, dass alle zur politischen Gemeinschaft gehörenden Individuen „einer einzigen gemeinsamen Gesetzgebung" unterworfen sind (8, 349).

Die in ihrer Verbindung mit der *Freiheit* und der *Gleichheit* verstandene *Abhängigkeit* kann damit als Alleinstellungsmerkmal der Politik verstanden werden. Die Natur macht den Menschen, die nur in Gesellschaft leben können, durch günstige Lebensbedingungen, aber eben auch in Naturkatastrophen, ihre Abhängigkeit von ihr bewusst. Diese Bindung stellt die Politik unter die Prämissen der *Freiheit* und *Gleichheit* und vergegenwärtigt den Menschen, welchen Bewegungsspielraum sie gegenüber der Natur haben – ohne ihnen jedoch die Chance zu eröffnen, sich jemals gänzlich von der Natur befreien zu können. So wie die Gemeinschaft schon Ausdruck der Tatsache ist, dass der Mensch (so wie er sich durchschnittlich versteht) nicht allein leben kann, macht ihm das (zwischen Freiheit und Gleichheit stehende) Prinzip der Abhängigkeit bewusst, dass er *auf seinesgleichen angewiesen* ist und bleibt.

Die politische Reichweite des Prinzips der Abhängigkeit tritt hervor, wenn Kant die innere Verbindung von Freiheit und Abhängigkeit in der Begründung der Demokratie hervorhebt. Das geschieht in der Friedensschrift leider nur in einer Anmerkung zu den drei Definitivartikeln, in der er die „rechtliche Abhängigkeit" zur Bedingung der politischen Freiheit aller in ihrer wechselseitigen Verbindung erhebt! Hier heißt es: Niemand, der sich nicht selbst einem Gesetz unterstellt, kann von einem anderen erwarten, dass er sich selbst auch dem Gesetz unterwirft. Wörtlich: Keiner kann einen anderen „rechtlich verbinden", „ohne daß er sich zugleich dem Gesetz unterwirft, von diesem wechselseitig auf dieselbe Art auch verbunden werden zu können". Und das gilt nur „so fern ich dazu selber habe meine Beistimmung geben können" (8, 350).

Es ist also das „Prinzip der rechtlichen Abhängigkeit", welches Kant schon zum möglichen Befürworter von Demokratie werden lässt, obgleich er kurz zuvor erklärt hatte, dass die Demokratie zwangsläufig zum „Despotism" führe. Erst zwei Jahre später hält er es ausdrücklich für möglich, dass auch eine demokratische Regierungsform „republikanisch" genannt werden könne.[9]

Viertens: Die republikanische Wiederbelebung der Demokratie. Dass Kant die Demokratie in der Friedensschrift mit einem unzutreffenden Urteil verwirft, ist ein Ärgernis (8, 352). Das wird nicht dadurch behoben, dass er sich hier einem oberflächlichen Missverständnis anschließt, das auf der Behauptung beruht, die Demokratie verlange die Einstimmigkeit aller Bürger. Das wird nicht dadurch besser, dass es Rousseau ist, der Kant zu diesem Urteil kommen lässt. Tatsächlich

---

[9] MSR § 52; 6, 341.

ist es eine der Politik diametral widersprechende Ansicht, die bestenfalls die Alternative zwischen Diktatur und Immobilität offenlässt. Konsequent ist Rousseau nur, wenn er die Auffassung vertritt, die Demokratie, so wie er sie versteht, könne nur etwas für „Engel" sein.[10]

In der Sache wird diese ideale Lesart der Demokratie von Kant schon im ersten Präliminarartikel verworfen: Denn Kants Vorstellung von der Selbstbestimmung eines Staates auf der Basis der Selbstbestimmung aller Bürger, lässt gar keine andere Verfassung als die einer Demokratie unter irdischen Bedingungen zu. Nur sagt er das nicht ausdrücklich, ja, er schließt sich Rousseaus Einwand sogar an, und beschränkt sich im Übrigen auf ein nachdrückliches, die ganze Friedensschrift bestimmendes Plädoyer für die Rechtsform der *Republik*.

Doch es bedurfte nur weniger Monate, bis Kant klar wurde, wie in den jungen Republiken in Amerika und Frankreich der Begriff der Demokratie verstanden wurde. Nachdem er zur Kenntnis genommen hatte, dass einer der führenden Politiker sowohl im Nationalkonvent wie auch in der ersten Nationalversammlung der Republik, der Abbé de Sieyés, die *Repräsentation* zum basalen Element einer politischen Gemeinschaft erklärte, gelangte auch Kant zu der Einsicht, dass die Demokratie dem Prinzip der Repräsentation am besten entspricht. Und in seiner wenig später geschriebenen Rechtslehre revidiert er seine Ansicht über die Demokratie nicht etwa beiläufig, sondern mit Nachdruck.[11]

---

10 „Gäbe es ein Volk von Göttern, so würde es sich demokratisch regieren. Eine so vollkommene Regierung ist für Menschen nicht geeignet." (Jean Jacques Rousseau, Du Contrat social, 1762, 3. Buch, 4. Kap.).

11 Immanuel Kant, Rechtslehre der „Metaphysik der Sitten" § 51 u. 52 (6, 338–342).

Mit Blick auf Kants Irrtum muss man ihm zugutehalten, dass auch die Väter der amerikanischen Verfassung den Ausdruck „Demokratie" vermieden. Denn seit dem Scheitern der antiken Demokratie in Athen stand der Begriff in einem denkbar schlechten Ruf, der auch in der Moderne nicht vergessen war. Also verwendete man den Ausdruck nicht, so sehr er in reformatorischen Flugschriften wie auch in frühen jesuitischen Völkerrechts-Theorien wieder in Umlauf gekommen war. Doch im schwierigen Prozess der politischen Meinungsbildung in den Neuenglandstaaten sowie bei ihrer Einigung auf einen gemeinsamen Verfassungsentwurf erweist sich die Bildung von Mehrheiten als unverzichtbar: Man brauchte sie zunächst in den weit verstreut lebenden Be-völkerungen der Einzelstaaten; anschießend ging es um die Einigung der dreizehn Länder im Rahmen der Föderation.

Auch in den nachfolgenden Wahlen zu den herausgehobenen Staatsämtern der Union kam es bei den abgegebenen Stimmen auf Mehrheiten an. Und als gegen Ende der Präsidentschaft von George Washington, der nicht für eine weitere Amtsperiode zur Verfügung stand, Thomas Jefferson als Kandidat antrat, brauchte man neben der *Republikanischen Partei*, eine konkurrierende zweite Partei, die 1794 unter dem Titel der *Demokratischen Partei* gegründet wurde.

Damit war der Bann über das Wort „Demokratie" gebrochen. Alexis de Tocqueville sorgte dann vierzig Jahre später dafür, dass sich auch die europäische Öffentlichkeit an das Wort gewöhnte und mit der Zeit dann die zugehörige demokratische Verfassung nicht mehr als anstößig empfand.

Daran gemessen, darf Kant als einer der ersten gelten, der im deutschen Sprachraum als Anwalt der Demokratie aufgetreten ist. Das war zwar noch nicht in der Friedenschrift, wohl aber in seiner eng mit der Friedensschrift verbundenen Rechtslehre der „Metaphysik der Sitten" der Fall.

Bei dieser Ergänzung der Republik durch die Demokratie war die *Repräsentation* für Kant der entscheidende Punkt: „Die wahre Republik", so heißt es da, „ist und kann nichts anders sein, als ein *repräsentatives* System des Volks, um im Namen desselben, durch alle Staatsbürger vereinigt, vermittelst ihrer Abgeordneten (Deputirten) ihre Rechte zu besorgen."[12] Und daraus zieht Kant den Schluss: „so *repräsentirt* das vereinigte Volk nicht bloß den Souverän, sondern ist dieser selbst"!

Kant fährt fort: „denn in ihm (dem Volk) befindet sich ursprünglich die oberste Gewalt, von der alle Rechte der Einzelnen [...] abgeleitet werden müssen, und die nunmehr errichtete Republik hat nunmehr nicht mehr nöthig, die Zügel der Regierung aus den Händen zu lassen und sie denen zu übergeben, die sie vorher geführt hatten, und die nun alle neue Anordnungen durch absolute Willkür wieder vernichten können."[13]

Das ist mehr als bloß ein positives Votum für die Demokratie. Denn Kant begründet hier, warum es als ein Rechtsbruch angesehen werden muss, wenn ein demokratisch konstituiertes Parlament die höchste Macht wieder in die Hände einer einzelnen Person, einer Klasse oder einer Partei zurückzugeben sucht.[14] Mit dieser so harmlos erscheinenden Bemerkung vollzieht sich der denkbar größte Wandel in der politischen Theorie! Denn Kant begreift die Demokratie als ultimatives politisches „System des Volks", das durch keinen weiteren Fortschritt überboten werden kann.

---

12 Immanuel Kant, Rechtslehre der „Metaphysik der Sitten" § 52 (6, 341).
13 Ebd.
14 A. a. O. (6, 341 f.).

Dazu passt, dass Kant in einer berühmt gewordenen Passage im *Streit der Fakultäten* der Auffassung ist, die Französische Revolution dürfe im strengen Sinn gar nicht als „Revolution", sondern sie müsse als vom Staatsoberhaupt angestoßene „Reform" begriffen werden! Denn am Anfang stehe ein „großer Fehltritt der Urtheilskraft" des französischen Königs, als er meinte, er könne seinem Volk die gesetzgebende Macht übertragen, um so eine Lösung für die Behebung der wesentlich durch die Verschwendungssucht des Hofes aufgehäuften Staatsschulden zu finden – anschließend aber, nachdem ihm das Volk aus seiner Verlegenheit herausgeholfen habe, wieder entlassen und die Macht zurück in seine eigenen Hände nehmen. Darin habe der folgenschwere „Fehlschluss" des Königs gelegen (7, 88).

Nach Kant ist es somit der König, der mit dem zeitweiligen Verzicht auf seine Macht eine revolutionäre Umkehr vollzogen hat. Das Volk, das ihm widersteht, wenn er die Macht wieder an sich ziehen will, handelt hingegen legal, weil es den ersten Schritt, nach dem Wunsch des Königs (und somit verfassungskonform), ausführt, würde sich aber einer Inkonsequenz schuldig machen, wenn es die ihm ursprünglich ohnehin zustehende Macht wieder aus den Händen gäbe. Denn das „vereinigte Volk" *„repräsentirt* nicht nur den Souverän, sondern „es ist dieser selbst." (6, 341) Nach dieser Deutung hat der König, der seine Macht zurückverlangt, als ein das Recht verletzender „Revolutionär" zu gelten, und es ist das Volk, das sich legal verhält und damit auf der „Reform" besteht.

Damit hat Kant die Demokratie als innere Konsequenz dessen definiert, was den Staat ausmacht: nämlich eine „Gesellschaft von Menschen" zu sein, „über die niemand anders als er selbst zu gebieten und zu disponiren hat" (8, 344). Dafür spricht auch all das, was bereits in der *Friedensschrift* zugunsten der Reform und gegen die Revolution zum Ausdruck gebracht wirdt.[15]

Es kann also nicht wundern, dass Kants bereits aus dem Staatsbegriff folgende Option für die Demokratie, trotz seiner noch eine Weile lang Rousseau folgenden Abwehr, schon in der Friedensschrift ihre Spuren hinterlässt: So ist Kants Votum gegen die Sonderrechte des Adels nicht nur republikanisch begründet; sie enthält auch ein egalitäres, ein demokratisches Moment. Und fragt man, wie denn der Begriff des „Weltbürgers" nicht nur im Verhältnis zu anderen Staaten, die man besuchen und als Handelspartner gewinnen will, sondern auch in Rechten gegenüber dem eigenen Staat zur Geltung zu bringen ist, genügt es nicht, eine rechtswahrende Republik etablieren zu wollen. Man muss vielmehr eine Demokratie vor Augen haben, in der gleiche Beteiligungsrechte geschaffen werden können. Schließlich darf auch Kants wiederholter Spott über die Politik aller nicht in ihr Amt gewählten Staatsmänner (8.342.346.374f.376.385) nicht vergessen werden. Auch diese Kritik setzt das Ideal demokratischer Verhältnisse voraus.

Alles das zeigt, wie sehr sich Kant schon in der Friedensschrift zum Demokraten gewandelt hat. Doch ausdrücklich und mit der Ausführung seiner Gründe zieht er diese Kon-

---

15 Das muss man auch bedenken, wenn Kant wenig später die „Revolution" des französischen Volkes lobt. Die große Zahl jener, die meinen, Kant habe einem gewaltsamen Aufstand und damit, wie Karl Marx es deutet, einem weltgeschichtlichen Rechtsbruch das Wort geredet, reißen die berühmte Stelle im „Streit der Fakultäten" (7,88) aus ihrem systematischen Zusammenhang, der bereits in der Friedensschrift zum Ausdruck kommt und in der Rechtslehre durch die fundierende Stellung der Repräsentation bezeichnet ist.

sequenz erst in seiner Rechtslehre, die er in der „Metaphysik der Sitten" der Tugendlehre voranstellt. Hier ist, nebenbei bemerkt, auch der richtige Ort für die grundlegende Revision.

In alledem wird klar, dass Kant von der *Gleichheit aller Bürger* ausgeht, wobei er auch die Frauen einbezieht. Er weckt mit keinem Wort den Eindruck, die republikanischen Prinzipien könnten nur auf die Männer beschränkt sein. Allein mit Blick auf die Theorie hätte Kant schon in der *Friedensschrift* als Anwalt der Demokratie auftreten können. Wenn er diesen Schritt 1795 noch nicht getan hat, so dürfte das daran liegen, dass er noch annahm, die Demokratie sei letztlich nicht mit dem *Prinzip der Repräsentation* vereinbar. Nachdem er aber durch die verheißungsvollen ersten Jahre parlamentarischer Praxis in Frankreich und in Amerika den Eindruck haben konnte, dass sich in Demokratien auch mit einfachen Mehrheiten regieren lässt, hatte er allen Grund für die Demokratie einzutreten.

Fünftens: Föderation als globales Prinzip. Zu den fortwirkenden Innovationen der *Friedensschrift* gehört die Exposition der *Föderalität* als grundlegendes Prinzip der internationalen Politik. Föderale Verbindungen von Staaten gab es gelegentlich auch früher schon: So kann man den attischen Bund zur Abwehr der Eroberung durch die Perser im 5. vorchristlichen Jahrhundert als Föderation verstehen. Im ausgehenden Mittelalter finden sich die wechselnden Koalitionen der italienischen Stadtstaaten gegen die Übermacht der wiederholt in Italien einfallenden Truppen; auch sie kann man als Föderation verstehen. Wenn man so will, kann man auch den Zusammenschluss der auf ihre Selbständigkeit bedachten Schweizer Kantone als Föderation begreifen.

Vor allem aber gab es die mit Leidenschaft geführte Debatte über die Verfassung der vereinigten Neuenglandstaaten. Hier haben sich letztlich die „Federalists" durchgesetzt. Die Einzelstaaten wussten, dass sie, jeder für sich, der Kolonialmacht Englands nicht würden standhalten halten können. Also akzeptierten sie den föderalen Bund mit ihresgleichen. Der aber sollte so gestaltet werden, dass seine Mitglieder nicht auf die ihnen als wesentlich erscheinenden Momente ihrer Eigenständigkeit verzichten mussten. So entstand eine neue Föderation, der sich mit der Zeit mehr als fünfzig Gliedstaaten angeschlossen haben.

Im Rückblick zeigt sich, wie vielfältig föderale Zusammenschlüsse sein können. Ihr Gemeinsames haben sie darin, dass die Föderation zwar einen begrenzten Verzicht auf die Eigenständigkeit eines Staates verlangt, dabei aber die Identität eines jeden Partners wahrt. Doch in den Fragen der Verteidigung, der wirtschaftlichen Entwicklung, der Inneren Sicherheit oder der Außenvertretung können sie auf gegenseitige Hilfe rechnen. Dass hier Chancen für den jeweiligen Bestand eines Staates mit hohen Risiken für seine Eigenständigkeit verbunden sind, ist offenkundig. Kant dürfte bewusst gewesen sein, welche Zumutungen darin für die sich als „absolut" begreifenden großen und kleinen Staatenlenker Europas verbunden waren. Auch deshalb hält er sich, so darf man annehmen, mit institutionellen Vorschlägen zurück. Dass er aber einiges über die grenzüberschreitende Sicherung des Rechts zu sagen gehabt hätte, wird man bei seinem nachdrücklichen Plädoyer für die Geltung des Völkerrechts und für die Anerkennung weltbürgerlicher Rechte annehmen dürfen. Kant dürfte klar gewesen sein, dass für den Ausbau international wirksamer Rechte mindestens ein Schiedsgericht nötig war, das über Rechtsstreitigkeiten entscheidet. Andererseits kann als sicher gelten, dass Kant die Wahrung der historischen und kulturellen Eigenart der Völker ein Anliegen war. Seine Vorlesungen und Schriften, in denen er über die Vielfalt der Völker dieser Erde urteilt, belegen Kants Wertschätzung anderer Völker und ihrer nationalen Eigenart.[16]

Mit der zunehmenden Bedeutung kontinentaler, nationaler und konfessioneller Unterschiede wurde dies in der Neuzeit zu einem immer stärker beachteten Gesichtspunkt. So fand die Föderation, insbesondere bei Montesquieu, auch eigene theoretische Aufmerksamkeit. Dabei trat ihre teils ausgleichende, teils anspornende Wirkung hervor, und der Krieg zwischen den sich verbindenden Staaten schien ausgeschlossen. Dass es so nicht sein muss, hat der Sezessionskrieg zwischen den Nord- und Südstaaten zwischen 1861 und 1865 gezeigt. Doch als die föderale Einheit der USA durch eine Gesetzesänderung wieder hergestellt war, war auch der Krieg beendet.

Kants Originalität tritt darin hervor, dass er die Föderation als zunächst nur viele, letztlich aber alle Staaten vertraglich verbindendes Element souveräner Staaten versteht. Er tastet die Eigenständigkeit der Staaten nicht an, und bindet sie doch durch ein Netzwerk wirtschaftlicher und rechtlicher Verbindungen zusammen, auf die sie aus Eigeninteresse und zunehmend auch aus Gründen ihrer eigenen Rechtssicherheit nicht verzichten können. Für ihn besteht der erste Schritt in der gemeinsamen Friedenswahrung, mit dem Willen, Kriege unter einander zu vermeiden. Für die Föderation wäre es schon ein Erfolg, wenn sie zwischen den europäischen Staaten eine der Verständigung dienende Verbindung schaffen.

---

16 Beispiele bieten seine „Beobachtungen über das Gefühl des Schönen und Erhabenen" (1764), die „Kritik der Urteilskraft" (1790) sowie seine Vorlesungen über Anthropologie und Physische Geographie.

Wie weitsichtig, aber eben auch höchst anspruchsvoll Kants Vorschlag war und ist, wird augenblicklich klar, wenn wir uns vergegenwärtigen, dass Europa schon damals der größte bellizistische Unruheherd der Erde war – und bis heute geblieben ist. Kants Kritik am Kolonialismus, den es gewiss schon in früheren Epochen gegeben hat, aber zu seiner Zeit wesentlich von Europa ausging, führt vor Augen, wie richtig es war, diesen Erdteil ins Zentrum der föderalen Bestrebungen zu rücken.

Dabei darf man nicht übersehen, dass Kant Europa nicht zum Vorbild für den Rest der Welt erklärt. Zwar kann man nicht leugnen, dass die leitenden Ideen der Aufklärung, der Demokratie und des Menschenrechts ihren Ursprung in Europa haben. Aber Kant ist bewusst, dass die Europäer fortwährend dabei sind, die von ihnen propagierten großen Ideen zu verraten. Die Europäer sind es, die sich an der großen Tradition, aus der sie kommen, vergehen. Sie widerlegen sich durch ihre kolonialen Verbrechen selbst und richten sich durch ihre Maßlosigkeit in Krieg und Frieden selbst zugrunde (8, 359 f.).

Aber was blieb Kant anderes übrig, als bei seinem Versuch, weltweit Frieden zu schaffen, mit einer Korrektur der europäischen Politik auf dem eigenen Kontinent, gleichsam bei sich selbst, anzusetzen? Er hofft, dass es durch die Friedensstiftung in Europa zu einer den Frieden insgesamt fördernden Kooperation zwischen einer größeren Zahl von mitwirkenden Partnern kommt. So könnte sich das durch unablässige Kriege erschütterte Europa beruhigen und sich gemeinsamen Zukunftsaufgaben widmen. Gelänge das, könnte eine europäische Föderation anderen Staaten das Angebot machen, sich der wirksamen Verbindung anzuschließen oder ihre Lehren aus einem bereits in Gang gekommenen eignen Modell zu ziehen.

Das Neue der Friedenschrift liegt zunächst darin, dass Kant die Föderation als Organisationsprinzip im globalen Miteinander aller Staaten begreift: Sie soll den Bestand der Einzelstaaten sichern und zugleich den Raum für umfassende Kooperation zwischen den Partnern schaffen, ohne deren historische und kulturelle Besonderheit in Frage zu stellen. Diese Erwartungen geben zu erkennen, dass die Föderation als ein offenes Organisationsmodell zu verstehen ist, das keinem Staat erlaubt, anderen seinen Willen aufzuzwingen. Alle Schritte zur größeren Gemeinsamkeit haben konsensuell zu erfolgen und bedürfen der vertraglichen Absicherung, sofern nur die Bereitschaft besteht, sich mit seinen Nachbarn zu verständigen. Auch wenn Kant sich nicht über weitergehende Schritte äußert, darf man annehmen, dass er die Einrichtung gemeinsamer Kommissionen und Institutionen nicht ausschließt. Dass sich damit sofort die Fragen nach der rechtlichen und organisatorischen Sicherung stellen, ist offenkundig. Aber Kant macht hier keine Vorschläge und überlässt alle weitergehenden Maßnahmen zum Schutz der beschlossenen Verträge der Politik. Der Philosoph beschränkt sich auf das Grundsätzliche, doch sein in anderen Zusammenhängen deutlich geäußertes Interesse an der *Wahrung geltenden Rechts* belegt, wie groß seine Aufmerksamkeit für die bestehenden Verhältnisse ist und mit welchem Interesse er rechtskonforme Veränderungen verfolgt.

Sechstens: Menschenrecht. Kant ist mit dem Prinzip des *Menschenrechts* jeder Abstufung menschlicher Grundrechte entgegengetreten. Seine Überzeugung vom Unrecht, das Menschen anderen Menschen antun, wenn sie Sklaverei billigen, Rassismus für gerechtfertigt halten oder Kolonien zulassen, ist keine lediglich auf Mitgefühl gegründete Anteilnahme am Schicksal anderer. Es ist vielmehr eine durch Argumente gesicherte ethische Position, wie sie vor Kant noch von keinem anderen Denker entwickelt und dem Recht mit vergleichbarer Entschiedenheit zugrunde gelegt worden ist.

Die immer wieder geführte Diskussion, ob Kant seine Friedenskonzeption auf ein moralisches oder auf ein *rechtliches Fundament* stützt, erübrigt sich, weil er ja schon das Recht auf Prämissen stellt, die gleichermaßen moralisch wie juridisch sind. So ist der Begriff der Person in beiden Geltungssphären unverzichtbar. Er zeichnet die Identität des jeweils handelnden Menschen aus und setzt voraus, dass er über eigene Einsichten und eigene Urteilskraft verfügt, die nicht ausschließen, dass er über eine Vielfalt von Fähigkeiten und Leistungen verfügt. Auch die Identität einer Person ist kein monolithischer Block im individuellen Bewusstsein. Das „Ich" sagende und alle epistemischen, ethischen, ästhetischen und religiösen Leistungen begleitende „Selbst" wird von Kant als „vielfärbig" apostrophiert, und kann, vielleicht sogar deshalb, unter dem Anspruch stehen, sich immer auch als Repräsentant der „Menschheit" zu begreifen.

Für diese zur Natur des Menschen gehörende Komplexität gehört auch, dass der Mensch sich sowohl als moralisches wie auch als justiziables, als rechtfähiges Wesen zu verstehen hat. Der Unterschied zwischen Moral und Recht liegt nicht im Individuum, hängt also nicht vom Belieben des einzelnen Menschen ab. Es geht, nach Kant, um eine Differenz in der „Art der Gesetzgebung", die im Recht äußerlich ist und erzwungen werden kann, in der Moral hingegen nur dem eigenen Urteil unterliegt, dessen Konsequenzen jeder ganz allein zu ziehen hat.

Kant stützt sich dabei weder auf vorgegebene Naturrechts-Traditionen noch auf eine religiöse Überlieferung. Er setzt mit seiner Begründung beim *Selbstverständnis des*

Menschen an, das jeder voraussetzen muss, der von der Gewissheit ausgeht, selbst ein ernstzunehmendes und wahrheitsfähiges Wesen zu sein, das von seinesgleichen anerkannt werden möchte. Wer immer sich als Mensch unter Menschen begreift: Er spricht und handelt unter Ansprüchen, die ihn im Umgang mit seinesgleichen auf Bedingungen verpflichten, die er nicht missachten kann, ohne sich selbst preiszugeben.

Auf diese Selbstachtung ist jeder aus ursprünglichem Eigeninteresse eingestellt. Er hat, um den von Kant der humanistischen Tradition entlehnten Begriff zu verwenden: seine eigene *Würde* zu wahren. Das ist seine ursprüngliche Pflicht als *Person*, die allen anderen Pflichten zugrunde liegt. Sie wird von Kant im *kategorischen Imperativ* zum elementaren Grundsatz der *Moral* erhoben: „Handle so, daß du die Menschheit sowohl in deiner Person, als in der Person eines jeden andern jederzeit zugleich als Zweck, niemals bloß als Mittel brauchst."[17]

Dieser für jeden Menschen geltende oberste moralische Grundsatz hat eine unmittelbare Folge für das Recht. Denn das Recht hat sein oberstes Prinzip in der Verpflichtung, die Bedingung dafür zu sichern, dass jeder Mensch seine Würde wahren und moralisch handeln kann. Dieses Prinzip ist die *Freiheit*. Und so formuliert Kant dieses „einzige" Recht, das ihm als Person ursprünglich „angeboren" ist, in einem Grundsatz, aus dem alle weiteren Rechte des Menschen folgen: „*Freiheit* (Unabhängigkeit von eines Anderen nöthigender Willkür), sofern sie mit jedes Anderen Freiheit nach einem allgemeinen Gesetz zusammen bestehen kann, ist dieses ein-

---

17 Immanuel Kant, Grundlegung zur Metaphysik der Sitten (4, 429).

zige, ursprüngliche, jedem Menschen kraft seiner Menschheit zustehende Recht."[18]

Das muss man sich in dieser Ausführlichkeit gegenwärtig halten, um zu erkennen, dass vom „Menschenrecht" bei Kant nicht erst in einer dem modernen Bewusstsein verpflichteten Ergänzung der Rechtslehre die Rede ist, sondern dass es für ihn um den Anfangsgrund aller systematischen Überlegungen zum Recht überhaupt geht. Das Recht ist ursprünglich Menschenrecht, und so dürfte verständlich sein, dass es schon in der Politik den Anfang darstellt und unverzichtbar bleibt. Also kann auch die *Wahrung des Friedens*, in dem der Mensch – anders als im Krieg und ohne gleich mit dem Tod zu drohen – einem rechtlichen Zwang unterworfen ist. Darin liegt die *ultima ratio* der Politik.

Wie originell und kühn Kants Bindung des Begriffs der Person sowohl an das individuelle Bewusstsein wie auch an die Konzeption der Menschheit ist, wird erst deutlich, wenn man weiß, wie strikt Kant die *intelligible Sphäre moralischer Ansprüche vom empirischen Fundament des Begriffs der Menschheit* trennt. Der Mensch als „Tier" und als „Persönlichkeit" gehören zu unterschiedlichen „Welten", auf deren Unterscheidung Kant den größten Nachdruck legt. Der die Sphären des natürlichen Wirkens und des rationalen Begründens verbindende „Dualismus" zwischen empirischer und intelligibler Welt gehört zu den Prämissen der kritischen Philosophie.

Für Kant steht außer Zweifel, dass der Mensch als „Tier" ein *Naturwesen* ist, aber als „Person" (oder im Kontext von seinesgleichen: als „Persönlichkeit") hat er sich als Element der „intelligiblen Welt" zu verstehen; denn nur als intelligibles,

---

18 Immanuel Kant, Metaphysik der Sitten, Einleitung (6, 237).

als zur Vernunft fähiges Wesen, kann er sich als *eigenständiges* und *freies* Wesen begreifen, welches darauf bestehen kann, das ihm etwas als eigene Tat *zugerechnet* werden kann.

Als „Tier", also als *Naturwesen*, unterliegt der Mensch den Gesetzen der Natur, ist damit ausnahmslos der Kausalität unterworfen und kann sich so noch nicht einmal selbst als *frei* bezeichnen. Als „Mensch", der sich selbst der Menschheit zurechnet, aber hat er auch *Vernunft*, durch deren Gebrauch ihm im Umgang mit seinesgleichen seine *Besonderheit* bewusst wird, so dass er sich, wie Kant auch sagt, als *Persönlichkeit* begreifen kann, die davon weiß, dass ihr etwas zugerechnet werden kann, für das sie verantwortlich ist.[19]

So sind Natur und Vernunft unter den Bedingungen der Menschheit in jedem einzelnen Menschen verbunden. Die *Menschheit* kann somit als die Voraussetzung angesehen werden, die es jedem einzelnen Menschen ermöglicht, sich selbst als eigenständig, verantwortlich und frei zu verstehen. Also muss er es sich verbieten, die ihn ermöglichende Bedingung seiner Persönlichkeit als bloßes Mittel anzusehen. Denn *Menschheit* ist die Prämisse, durch die er überhaupt erst seiner Eigenständigkeit und Freiheit inne wird. Und mit dem *Menschenrecht* schützt der Mensch in jedem einzelnen seiner Mitmenschen, die Konditionen, die es ihm ermöglichen, *frei*, *eigenständig* und *verantwortlich* zu sein.

Siebtens: Natur und Politik. Die Fundierung des *Rechts* durch *Freiheit, Eigenständigkeit, Zurechenbarkeit* und *Verantwortlichkeit*, ermöglicht es auch, das Recht als die Prämisse allen politischen Handelns anzusehen. Dabei bleibt es

---

19 Ich verwende hier die Begrifflichkeit, die Kant heranzieht, um das Verhältnis von Natur und Vernunft im Menschen begreiflich zu machen: Immanuel Kant, Die Religion innerhalb der Grenzen der bloßen Vernunft (6, 26 ff.).

jedoch auf die Natur angewiesen, was Kant auf meisterliche Weise dadurch illustriert, dass er das Recht mit der „Befugnis zu zwingen" verbindet.[20] Ein direkt in die Rechtslehre hinreichender Beleg ist die Rede von der „angeborenen" Freiheit. Vom „Menschen" kann man nicht sprechen, ohne dabei an das Naturwesen zu denken, das geboren wird, Schmerzen empfindet und sterblich ist und nur deshalb auch vom Krieg in Mitleidenschaft gezogen werden kann.

Auch in der *Friedensschrift* gibt es Hinweise auf die Bedeutung der Natur für die Lebensweise der Menschen, die Kant in anderen Schriften, insbesondere in den Vorlesungen zur *Physischen Geographie*, zum ausdrücklichen Thema gemacht hat. 1795 ist nun die Rede davon, dass der Krieg es war, der die Menschen zur Besiedlung der ganzen Erde und selbst zum Leben in unwirtlichen Gegenden genötigt hat (8, 363). Kant spricht auch ausdrücklich von der „Natur", die es „durch den Mechanism der menschlichen Neigungen" garantiere (!), dass es den „ewigen Frieden" (zumindest als Maxime) gebe (8, 368).

Diese Rede ist weder rätselhaft, noch steht sie im Widerspruch zu Kants moralischem Anspruch an die Politik. Denn der Staat steht nicht nur bei seiner Gründung, sondern auch in seiner Entwicklung immer wieder von neuem vor der Herausforderung, dass sein Zweck in nichts anderem besteht, als darin: den in ihm lebenden Menschen zu helfen, ihr Leben so zu führen, wie sie es von sich und ihresgleichen erwarten. Die *Selbstbestimmung des Staates, hat ihren Ursprung, ihren Impuls und ihr Maß in nichts anderem als in der Selbstbestimmung des Einzelnen*. Also ist sie auf das „angeborene" Grund-

---

20 Immanuel Kant, Rechtslehre der „Metaphysik der Sitten", Einleitung (6, 231).

recht der *Freiheit* gegründet, das er nicht nur an sich selbst zu wahren, sondern auch bei seinesgleichen zu achten hat. Und darin liegt die durch die Natur in keinem Fall ermäßigte moralische Verpflichtung des einzelnen Menschen – gerade auch dann, wenn er in herausgehobenen politischen Ämtern tätig ist.

Diese *Fundierung der Politik durch Natur*, für deren Verständnis Kant bereits über elementare kosmologische und evolutionäre Einsichten verfügt, steht also ihrem auf die Freiheit der Individuen gegründeten inneren Anspruch nicht entgegen. Die Natur ist die Bedingung, aus der nach Kant alles Leben stammt – also auch die Konditionen der Politik, der Moral und der Vernunft. Das ändert jedoch nichts daran, dass wir von der Eigenständigkeit der Prinzipien und der Gründe sprechen, mit denen der Mensch *spontan, autonom* und somit auch *frei* umgehen kann.

Vor ein besonderes Problem stellt uns Kant durch die Behauptung, selbst für ein „Volk von Teufeln" müsse es möglich sein, einen Staat zu gründen. Das empört auch kenntnisreiche Interpreten seiner Friedensschrift, weil sie damit die moralische Grundierung der Politik in Frage gestellt sehen.

Doch wer die Dialektik der Naturgeschichte des Menschen beachtet, kann durchaus verstehen, warum Kant, gerade in Anerkennung dieser geschichtlichen Tatsache, sagen kann, sogar das „Problem der Staatserrichtung", so hart es auch klinge, sei „selbst für ein Volk von Teufeln (wenn sie nur Verstand haben) auflösbar" (8, 366). Die hier von vielen Interpreten gesehenen Schwierigkeiten lösen sich auf, wenn bedacht wird, dass sich der Staat auch hier als der, wie Platon es erläutert hat, in „Großbuchstaben geschriebene Mensch"[21]

---

21 Platon, Politeia II, 368d.

erweist: So wie nur der Mensch als Urheber von Kriegen in Frage kommt, so kann man auch vom Staat, der als Subjekt von Kriegen auftritt, erwarten, dass er die Macht und die Autorität hat, Kriege nicht nur zu beenden, sondern überhaupt zu vermeiden. Auch „Teufel", vielleicht sogar gerade sie, können um ihr Leben fürchten. Und wie wir wissen, sterben gerade in der Sphäre der Politik die (immer wieder neu nachwachsenden) „Teufel" nicht aus.[22]

Abwegig oder widersprüchlich muss die Rede von einem „Volk aus Teufeln" auch deshalb nicht sein, weil selbst die Leistungen der Vernunft nur überzeugen können, wenn sie eine Kenntnis des Unvernünftigen voraussetzen, um in ihrem Eintreten für die Vernunft wirklich überzeugen zu können. Der Antagonismus in der menschlichen Vernunft reicht tiefer, als es sich das kindliche Vertrauen in das Gute vorstellt. Nur in Kenntnis der Abgründe der menschlichen Vernunft kann man hoffen, dass sie sich nicht vertrauensselig auf politische Konflikte einlässt, wann immer sie unter realen Bedingungen Erfolg haben will.

Kant hält es sogar für möglich, dass die Leistungen der Vernunft auf einem Fundament basieren, das, oberflächlich betrachtet, lediglich als ihr Opponent angesehen wird. So kann die Vernunft unter Bedingungen entstehen, die als materiell und mechanisch angesehen werden. Auch Geist und Bewusstsein, mit deren Mitteln sich der Mensch über die Natur erhebt, beruhen auf der Mechanik der physischen Kräfte! So ist es für Kant kein abwegiger Gedanke, den Menschen so-

---

22 Man denke nur daran, dass Hitler es Stalin ermöglichte, so zu werden, wie er in der Geschichte gewirkt hat, und dass Putin sich Stalin zum Vorbild nimmt, angeblich um eine Wiederkehr Hitlers zu verhindern.

wohl als Natur- wie auch als *Vernunftwesen* zu verstehen. Deshalb ist es ihm möglich, die Meinung zu vertreten, dass die „republikanische Verfassung" dem Recht des Menschen „vollkommen angemessen" sei, und es dennoch für den Menschen „die schwerste" Aufgabe darstellt, „eine Republik zu errichten und zu erhalten" (8, 366).

Nach Kants wenig später auch ausdrücklich vollzogener Aufwertung der Demokratie gilt diese Aussage für beide Staatsformen. Denn mit Blick auf die Demokratie gilt, was Kant an dieser Stelle über die Garantiefunktion der Natur sagt: Auch wenn wir nicht wissen, auf welche Weise das möglich ist, so sorgt doch die lebendige Natur dafür, dass der Mensch über Vernunft verfügt. Und die erlaubt es ihm, „wenn nicht gleich ein moralisch-guter Mensch, dennoch ein guter Bürger zu sein" (8, 366). Mehr noch: Die Natur „zwingt" ihn, seine Vernunft zu gebrauchen, wenn er denn überhaupt (in Verbindung mit seinesgleichen) leben will. Und da Vernunft ohne Freiheit nicht zu haben ist, liegt in der die Natur allererst ausmachenden Kausalität kein Widerspruch zur Freiheit des Menschen. Im Gegenteil: Ohne die Naturkausalität könnten wir nicht handeln; und nur weil wir handeln können, haben wir die Möglichkeit zu wissen, was es heißt, etwas aus freien Stücken zu tun.

Die wenigen Bemerkungen über das Bedingungsverhältnis von Natur und Freiheit sowie über das von Kant eingehend behandelte Verhältnis von Natur und Politik dürften kenntlich machen, dass es hier sowohl um elementare Fragen des menschlichen Selbstverständnisses wie auch um akute Probleme des politischen Handelns geht. Wenn etwa durch den Raubbau an der Natur das von Kant vorausgesetzte „Gleichgewicht" zwischen den Kräften der Natur und der Kultur (8, 367) gestört wird, hat das gravierende Folgen für das grundsätzliche Verhältnis von Natur und Politik. Daraus folgt, dass ein verlorenes Vertrauen in die Parallelität der Entwicklung von Natur und Kultur unmittelbar Folgen für die Selbstschätzung des Menschen und damit auch für die Zuversicht haben dürfte, mit der wir versuchen, politische Prozesse zu steuern. So kann man die Überlegungen im Anhang der Friedensschrift als den Versuch lesen, trotz aller Gefährdungen, insbesondere durch die „Mißhelligkeit zwischen der Moral und der Politik", das erforderliche und in bestimmten Lagen auch erreichbare „Gleichgewicht" zwischen Natur und Politik zu wahren.

Es ist dies ein Versuch, der schon in seiner Absicht überraschen könnte, weil sich in der Kant-Interpretation die Überzeugung festgesetzt hat, dass Kant mit seiner Trennung von Natur und Vernunft nicht nur Sinnlichkeit und Begrifflichkeit zu Opponenten macht, sondern auch Moral und Recht voneinander separiert. Niemand kann in Abrede stellen, dass Kant diese Entgegensetzungen in moraltheoretischen Erörterungen benötigt. Er braucht die Opposition aus systematischen Gründen, weil sich in ihr die Vernunft überhaupt erst zu ihrer Eigenständigkeit entwickelt. Aber mit dieser Opposition ist, wie insbesondere der Anhang der Friedensschrift vor Augen führt, nicht schon alles gesagt, was für die Weltorientierung und die Lebensführung der Menschen unerlässlich ist! Hier tritt die Notwendigkeit hervor, das systematisch Getrennte, sofern es durch den Antagonismus der menschlichen Bestrebungen nicht überwunden werden kann, doch wenigstens „einhellig" zu machen, so dass es mit dem Verständnis von Recht, Politik und Moral vereinbar ist. Eben darauf sind die Überlegungen bezogen, mit denen Kant seine Friedensschrift zum Abschluss bringt.

Achtens: Reform statt Revolution. Das Recht zu wahren,

ist die Prämisse aller Politik, insbesondere wenn es um Aktivitäten geht, die auf eine grundsätzliche Verbesserung gesellschaftlicher Zustände zielen. Hier gibt es für Kant keine Alternative zum Verfahren der Reform. Revolutionen gehören in den Bereich der Natur, insbesondere zur Bezeichnung der Umdrehung und der Umrundung (beides lateinisch: revolutio), die in den kosmischen Bewegungen den Grund für alles Weitere legen. Auch in den irdischen Vorgängen, etwa bei Vulkanausbrüchen, Erdbeben oder Überschwemmungen wird das Untere nach oben gekehrt. Und nachdem der Mensch das Rad erfunden hat, dominiert die Rotation einen großen Teil der technischen Innovationen der Menschheit. Doch die Erfindung des Rades zeigt nicht nur, dass es Umdrehungen auch in der Technik gibt. Denn wenn sie dort möglich sind, gibt es sie auch im Denken! Im Denken zeigt sich die originäre Fähigkeit, beliebige Sachverhalte vollkommen anders zu denken. So konnte die Revolution zu einem zentralen Topos in der Theorie der Politik werden. Kant ist die Denkfigur der Revolution wohl vertraut, wie wir aus seiner Rede von der „kopernikanischen Revolution" in der Astronomie und im Methodenbewusstsein der modernenPhilosophie wissen.

Doch Kant verwendet den Begriff der Revolution, der zu seiner Zeit an Bedeutungsvielfalt gewinnt, nur beiläufig zur Bezeichnung geschichtlicher Entwicklungen. Hier ist er selbst an der Profilierung des Terminus der „Evolution" beteiligt und bevorzugt für politische Innovationen den Gebrauch des Begriffs der „Reform". Denn Reform ist dem „Ideal des öffentlichen Rechts angemessen". Nur hier könne von einer Verpflichtung zur Veränderung gesprochen werden (8, 373). Revolutionen hingegen erzeugen nur die Illusion einer Verbesserung und bergen vor allem die Gefahr „mehr für erlaubt" zu halten, als das Recht zulässt (8, 372). Reformen aber entsprechen dem *Recht* und können sogar *Pflicht* sein. *Revolutionen* hingegen „benutzen" nur den „Ruf der Natur" und können nichts, was die Autorität eines Gesetzes ausmacht, zustande bringen (8, 373).

Eben damit charakterisiert Kant die größte Gefahr, die von einer politischen Revolution selbst herausgefordert wird: Indem sie sich von allem löst, was den vormaligen Zustand zusammenhielt, hat sie gar nichts mehr, was sie äußerlich orientieren oder disziplinieren könnte. Und was die unmittelbare Einsicht der Individuen nicht bewirkt, muss nun mit Gewalt durchgesetzt werden. Das ist der bereits 1795 vertraute Effekt, den wir aus der Geschichte der Revolutionen des 20. Jahrhunderts zur Genüge kennengelernt haben. Sie enden ausnahmslos im Terror.

Selbst wenn sie in bester Absicht, von tief empfundenen mitmenschlichen Impulsen (wie sie etwa der Marxismus für sich in Anspruch nimmt) geleitet sind, stehen sie als Revolutionen im Widerspruch zum Interesse der Menschen. Das aber lässt sich in verlässlicher Weise – vom Einzelnen wie von der Gesamtheit eines Volkes – nur dann verfolgen, wenn sie *rechtlich garantiert und kontrolliert* werden können. Und da das in Revolutionen – gleichsam aus Prinzip – nicht zugesichert werden kann, stehen sie den Zielen entgegen, die sie sich auf ihre Fahnen geschrieben haben.

Dieses Schicksal von Revolutionen, die „ihre eigenen Kinder frisst", wird im Entwicklungsgang von Karl Marx auf tragische Weise vorweggenommen: Er beginnt als Fürsprecher des Menschenrechts und wird für wenige Jahre zum erklärten

---

23 Die Belege in den Schriften von Karl Marx in: *Volker Gerhardt*, Die Asche des Marxismus, in: Marxismus. Versuch einer Bilanz, Magdeburg 2001, 339–376 und demnächst in *ders.*: Individuum und Menschheit, München 2023.

Humanisten; doch da sich seine Erwartungen nicht in dem Zeitraum erfüllen, in dem er es erhoffte, wird er zum Verächter der Ideale, in deren Namen er seine politische Karriere begonnen hat: Marx erklärt das Menschrecht zu einer bürgerlichen Illusion, versteht unter Freiheit nur das, was zum Umsturz führt und verspottet die Humanität als idealistisches Hirngespinst.[23]

Neuntens: Öffentlichkeit als conditio sine qua non. Die kleine Schrift *Zum ewigen Frieden* hat einen Anhang, in dem die *Öffentlichkeit* die entscheidende Rolle spielt. Im ersten, *kritischen Teil* dieses Anhangs wird das Missverhältnis von Moral und Politik unter den gegebenen Bedingungen aufgezeigt; im zweiten, *systematischen Teil* wird der Öffentlichkeit die Rolle des Bindeglieds zwischen beiden zugewiesen. Eine stärkere Stellung kann der Öffentlichkeit in einem Denken, das in allem darauf gerichtet ist, zunächst *kritisch zu trennen*, und anschließend *systematisch zu verbinden*, gar nicht zukommen!

Die *kritische* Leistung der Öffentlichkeit tritt darin hervor, dass sie zwar von allen politischen Akteuren gesucht und gebraucht wird, um überhaupt politisch wirken zu können; aber eben dabei tritt auch zutage, wie groß das Ausmaß an irreführenden Versprechen, falschen Aussagen und dreisten Verdrehungen und Verleumdungen in den Auftritten der Redner ist, die sich an ein Publikum richten, das ihnen folgen soll. Mit Blick auf diese von Kant mit ätzendem Spott vorgeführten öffentlichen Ansprachen könnte die ihnen entgegengesetzte *systematische* Leistung der Öffentlichkeit gar nicht größer sein. Denn sie ist es, die das Sprechen und Denken ermöglicht und damit allererst die Sphäre schafft, in der sich menschliches Wissen und gemeinsames Handeln entwickeln.

Dabei geht es nicht nur um einzelne Akte individueller Geschicklichkeit, sondern es erstreckt sich auf alles, was als *Technik, Wissenschaft, Kunst* und *Kultur* zu begreifen ist. Auch wenn „Öffentlichkeit" heute hauptsächlich den Raum bezeichnet, den die technischen Medien der Information und Unterhaltung etablieren, haben wir sie als den Raum zu begreifen, in dem menschliches Bewusstsein – mit seinen die äußere und innere Welt umfassenden polaren Dimensionen – überhaupt erst entsteht. Der Mensch, ganz gleich in welcher Nische der Natur er lebt, findet allererst in der Sphäre der Öffentlichkeit zu sich selbst. Der Mensch ist, trotz seiner unauflöslichen Bindung an die Natur, das einzige Lebewesen, das durch die öffentliche Verfassung seines Bewusstseins aus der Natur herauszuragen scheint und sich als „geistiges" Wesen versteht.[24]

In diesem öffentlich vermittelten Selbstverständnis ist der Mensch auf einen doppelten Halt angewiesen: Er braucht die Außenleitung seiner leiblichen Kräfte als Teil der physischen Welt und ist zugleich disponiert, sich nach den Impulsen seiner eigenen, von Stimmungen umwitterten Einsichten zu richten. Und in dieser Lage hat er das nur ihn – teils belastende, teils befreiende – Sensorium für die dualen (dialektischen oder auch antagonistischen) Ansprüche, denen er sich in seiner Konstitution ausgesetzt sieht. Kurz: Er ist empfindlich sowohl für die Kräfte seiner äußeren Natur wie für die Verbindlichkeiten seiner emotionalen und intellektuellen Impressionen in seiner Binnenwelt. Und wenn es ihm gelingt, sie zur Deckung zu bringen, ist er „zufrieden"! Mehr noch: Kant ist der Auffassung, dass damit der „allgemeine Zweck des Publicums" er-

---

24 Um diese Verbindung von Öffentlichkeit und Bewusstsein kenntlich zu machen, spreche ich von der „Soziomorphie des Bewusstseins".

reicht ist, den er nicht nur „Zufriedenheit", sondern auch „Glück" und „Glückseligkeit" nennen kann (8, 386).

Wie anders soll man es auch bezeichnen, dass der Mensch hier in der Entfaltung seiner besten intellektuellen und affektiven Kräfte, im Einvernehmen mit Recht und Moral, in der Hochstimmung eines Wohlbefindens, zu seiner Bestimmung findet? Sie wird nicht am Ende der Geschichte, auch nicht im Schlussakt eines erdachten Fortschritts, sondern im Glück eines Augenblicks gefunden, der sich in der Übereinstimmung mit der „Gesellschaft von Menschen" einstellt, „über die [ebenfalls] Niemand anders, als er selbst zu gebieten und zu disponieren hat" (8, 344). Hier kongruiert der *Sinn des Menschen* mit dem *Sinn der Politik*.

Mit diesem Bekenntnis (denn anders kann man es nicht nennen) endet Kants kleine Gelegenheitsschrift „Zum ewigen Frieden". Sie ist aus dem für Kant auch persönlich bedeutsamen Anlass des im April 1795 geschlossenen *Baseler Friedens*, der zwischen den monarchischen Regierungen Preußens, Österreichs und Spaniens auf der einen und der aus der Revolution hervorgegangenen republikanischen Regierung Frankreichs auf der anderen Seite geschlossen wurde. Die Erleichterung, ja, die Freude des einundsiebzigjährigen Philosophen klingt im Schlussabschnitt des kleinen Büchleins mit. Zwar ist es mit größter Geistesgegenwart und in bewundernswerter systematischen Dichte verfasst; zugleich aber sprechen die in kürzester Zeit erfolgte Niederschrift und die umgehende Publikation nach dem Friedensschluss in Basel für den politischen und persönlichen Überschwang, in dem der Text geschrieben wurde. Hier hat Kant selbst etwas von dem „Sinn" erfahren, der in der Politik vermutlich nie an ihrem Ende zu finden ist, wohl aber in den Fortschritten liegen kann, die in ihren gelegentlichen Erfolgen möglich sind.

Und dass der *Sinn*, von dem im abschließenden Passus der Friedensschrift die Rede ist, nicht eben wenig mit *Sinnlichkeit*, *Glück* und *Zufriedenheit* zu tun hat, das sagt Kant wenig später in der Tugendlehre der „Metaphysik der Sitten". Hier haben wir eine der in Kants Werken gar nicht so seltenen Gelegenheiten, die einen Blick in die reiche Gefühlslandschaft freigibt, welche zu seinem kritischen Denken gehört. Selbst wenn man sich auf die zentralen Themen der kritischen Theorie Kants beschränkt, sind die fundierenden Leistungen der Sinnlichkeit unübersehbar. Ohne sie gibt es weder *Erkennen* noch *Handeln*; auch der konstitutive Anteil des *Gefühls* in Kants Ästhetik, in seiner Theorie des Lebens und in seiner Theologie gehört hinzu. Auch seine Anthropologie und seine Pädagogik bieten zahlreiche Belege für die Unverzichtbarkeit der emotionalen Anteilnahme der Menschen an dem, was sie politisch erleiden, politisch erstreben und erreichen.

Zehntens: Kant ist kein Pazifist. In zeitlichem Anschluss an die Veröffentlichung von Kants Friedensschrift, aber wesentlich unter dem Eindruck der nachrevolutionären Kriege (mit denen Napoleon zunächst nur seine Nachbarn überzog, die in der Folge aber noch zu den auslösenden Faktoren des Ersten Weltkriegs gehörten), entstanden in den Großstädten Europas und zunehmend auch in den USA zahlreiche *Friedensbewegungen*. Für sie gab und gibt es bis heute nahezu täglich neue Anlässe. Anfang des 20. Jahrhunderts kam für die Motivation dieser Bewegungen die Bezeichnung „Pazifismus" in Umlauf. Es liegt nahe, dass der Autor einer Schrift „Zum ewigen Frieden" von Pazifisten für ihre Ziele in Anspruch genommen und selbst als „Pazifist" bezeichnet wird.

Das ist gewiss nicht ehrenrührig. Doch es dient der Klärung, darauf hinzuweisen, dass der so nachdrücklich für eine

Politik des Friedens plädierende Immanuel Kant kein „Pazifist" gewesen ist! Er war zwar für einen Frieden „ohne Vorbehalt", verstand darunter aber keinen Frieden um jeden Preis. „Ohne Vorbehalt" steht für die Ermahnung Kants, in Friedensverhandlungen der Pflicht zur Wahrheit und zur Aufrichtigkeit zu folgen. Das heißt: Man darf keinen Frieden in der Erwartung abschließen, dass in absehbarer Zukunft der Zeitpunkt zu einem weiteren Waffengang günstiger ist, um den Feind später definitiv besiegen zu können.

Es ist richtig, Kant die ernst gemeinte Absicht zuzuschreiben, Kriege zu vermeiden und ihre Durchführung nicht durch Kredite, bereitstehende Heere, durch fortgesetzte Hochrüstung und erst recht nicht durch die Vortäuschung falscher Tatsachen zu erleichtern. In der Nachfolge der Querela pacis des Erasmus von Rotterdam gehört Kant zu den wirkungsmächtigsten philosophischen Anwälten des Friedens. Aber er sagt auch deutlich, was im Fall eines Angriffs eines Staates durch einen andern zu tun ist: Dann gibt es keinen prinzipiellen Grund, auf Gegenwehr zu verzichten. Es kann auch nicht als verwerflich gelten, einen Angreifer zurückzuschlagen und ihm, wenn möglich, eine Niederlage beizubringen.

Kant denkt als Mensch, dem es schlechterdings nicht untersagt werden kann, sich zu wehren, wenn er angegriffen wird. In seiner Rechtslehre gesteht er allen Menschen in Lebensgefahr ein „Notrecht" zu, das es nicht zulässt, das Verhalten des Einzelnen nach allgemeinen Prinzipien zu bewerten.[25] Das muss auch ein Staat in Anspruch nehmen können, der von einem anderen ohne vorausgehende eigene Kriegshandlungen überfallen wird.

---

25 *Immanuel Kant*, Rechtslehre der „Metaphysik der Sitten" (6, 235 f.).

Und wenn ein Krieg, aus welchen Gründen auch immer, zum Ausbruch gekommen ist, dann hat man das Verhalten der Kriegsparteien nach Kategorien des *Völkerrechts* zu bewerten. Dann gilt das Recht *vor* dem Krieg, *im* Krieg und *nach* dem Krieg.[26] Wenn in der Friedensschrift „Hugo Grotius, Pufendorf, Vattel u. a. m." als „leidige Tröster" abgefertigt werden, dann meint Kant deren Beschränkung auf Maßgaben, die nur empfehlenden und keinen gesetzlich nötigenden Charakter haben (8, 355). Aber er verwirft die Disziplin des *Völkerrechts*, das gerade durch die genannten Autoren groß geworden ist, keineswegs.

Mehr noch: In seiner nach der Friedenschrift publizierten Rechtslehre behandelt Kant das Völkerrecht mit großem Respekt und in der philosophisch gebotenen Ausführlichkeit als einen unverzichtbaren Bestandteil des Rechts.[27] Wäre das anders, ließe er zu, dass jeder einseitig in Gang gekommene Krieg zu einem generellen Verzicht auf das Recht überhaupt führte. Damit käme man einem Angreifer, so weit und so lange er es will, in einem rechtsfreien Raum entgegen. Das kann nicht im Interesse des Friedens sein. Wo kein Recht mehr gilt, kann es auch keinen Frieden geben; und ohne Frieden wird es sinnlos, von Menschheit und Menschlichkeit zu sprechen.

Gleichwohl kann der Hinweis auf das Völkerrecht nicht das einzige Wort zur Frage des Pazifismus sein. Was hier aus Kants Sicht zur allgemeinen Friedenssicherung zu sagen ist, finden wir in seinen Ausführungen zum *Föderalismus*. Hier zeigt sich auch, auf welche Weise er das Defizit beheben will, das er bei den Völkerrechtslehrern beklagt: Er beschränkt sich

---

26 A. a. O. (6, 345 ff.).
27 A. a. O., §§ 54 – 61 (6, 344 ff.).

nicht darauf, den Staaten den Frieden anzuraten (und darauf zu hoffen, dass sie den guten Argumenten der Theoretiker folgen). Er schlägt einen „Vertrag der Völker" vor, der sie zu einem „Bund" vereint, in dem sie sich selbst rechtlich verpflichtet haben, Frieden zu halten (8, 356). Was Kant dem Verlangen der Pazifisten am nächsten bringt, ist, dass er vom föderalen „Vertrag der Völker" nicht allein die Verbindlichkeit eines Friedensvertrags verlangt, der *„einen Krieg",* sondern der *„alle Kriege"* beendigt (ebd.).

Das aber soll nicht nach Analogie zur Staatsgründung unter einer alle Menschen gleichermaßen zwingenden Zentralgewalt geschehen, sondern in einer auf der Freiheit eines jeden einzelnen Mitgliedsstaats beruhenden Vereinbarung, durch die sie sich wechselseitig mit derselben Verbindlichkeit, die der innerstaatlichen Gesetzgebung zukommt, zur Wahrung eines unverbrüchlichen Friedens mit allen anderen Staaten verpflichten. Der föderale Bund errichtet also keinen alle Menschen und Staaten umfassenden „Völkerstaat", er findet vielmehr unter der „Idee eine Weltrepublik" zusammen (8, 357), die allen Menschen und Staaten *Freiheit* und *Gleichheit* garantiert – unter Beachtung des sie verbindenden Prinzips wechselseitiger *Abhängigkeit*.

Hier wahrt Kant die Grundprinzipien der Republik (und der zu ihr gehörenden Demokratie) im Interesse der Freiheit und Gleichheit aller. Aber auch er kann den Vorwurf, wenn nicht des „leidigen Trösters", so doch des bloßen „Moralisten" und „Friedensapostels" auf sich ziehen, weil er nicht bereit ist, für einen *Weltstaat* zu argumentieren, der den Frieden nur mit der gleichen Zwangsgewalt sichern kann, mit der im Inneren die Wahrung von Ruhe und Ordnung versprochen wird. Sicher ist, dass ein Weltstaat nur in Form einer Despotie errichtet werden kann, in der die Freiheit als erste verloren wäre. Und ob es in ihr jemals zu einem Frieden kommen kann, darf nach allem, was wir aus historischer Erfahrung von Staaten wissen, in denen es keine Freiheit gibt. Sie lassen vielleicht sogar manches Gute erwarten, doch solange die Freiheit des Denkens, Sprechens und Handelns fehlt, wird es auch keinen Frieden geben.[28]

Hier also ist Kant bestimmt kein Autor, der nur den „süßen Traum" vom Frieden „träumen" möchte (8, 343). Er schreibt in Kenntnis der politischen Realität und versucht ihr nicht nur in seiner schonungslosen Analyse der von Kriegen zerfurchten Geschichte gerecht zu werden. Auch sein eigener Entwurf zur globalen Schaffung und Sicherung des Friedens steht unter dem Anspruch, das tatsächlich Mögliche zu tun. Dabei geht er von der Möglichkeit aus, eine Gesellschaft durch Recht zu zivilisieren und ihr eine repräsentative republikanisch-demokratische Ordnung zu geben. Alles Weitere bedient sich der Mittel, die in seiner durch Wissenschaft, Technik und Welthandel geprägten Kultur bereits entwickelt sind. Und er geht davon aus, dass sich diese Kultur nur entwickeln kann, wenn sie auf den Einsatz von Waffen verzichtet, die den Bestand der Menschheit als ganze gefährden. Wie ernst seine Rede von den „höllischen Künsten" und vom „großen Kirchhofe der Menschengattung" tatsächlich ist, können wir unter der atomaren Bedrohung heute noch um einiges besser verstehen als seine Zeitgenossen.

---

28 Für Kant war dafür das kaiserliche China ein Beispiel, dass sich durch eine große Mauer vor Störungen von außen schützte, dadurch im Inneren aber weder Freiheit noch Frieden sichern konnte (8, 359). Heute blicken wir wieder auf China, das Wohlstand nur mit den Mitteln rigider Unterdrückung bieten kann und in seiner Nachbarschaft Unfrieden stiftet, mit dem es inzwischen der Welt als ganzer droht.

Realist bleibt Kant auch in seiner Warnung vor dem Weltstaat, von dem man sich nicht nur keine Freiheit, sondern gewiss auch keinen Frieden versprechen kann. Die Beherrscher einer globalen Ordnung, selbst wenn sie sich „Weltrepublik" nennen würde, hätten wesentlich damit zu tun, sich der ihr im Inneren ständig zuwachsenden Feinde zu erwehren. Um in diese Gefahr gar nicht erst zu geraten, bietet Kants Idee einer föderalen Weltordnung das Maximum an Realismus, den man zu seiner Zeit aufbieten konnte.

Und ein letztes Argument spricht für Kants Realismus, das gewiss nicht im Verdacht steht, „pazifistisch" zu sein. In der *Analytik des Erhabenen* der *Kritik der Urteilskraft*, also nur fünf Jahre vor der Friedensschrift, vermag Kant zu sagen, dass „selbst der Krieg", „wenn er mit der Ordnung und Heiligachtung der bürgerlichen Rechte geführt wird, [...] etwas Erhabenes an sich [hat]"[29]. Er ergänzt, dass ein solcher Krieg die „Denkungsart des Volks, welches ihn auf diese Weise führt, nur um desto erhabener [macht], je mehreren Gefahren es ausgesetzt war und sich muthig darunter hat behaupten können". Ja, es klingt wie ein vorgezogener Einspruch gegen sein eigenes Lob des „Handelsgeists" im Garantie-Zusatz der Friedensschrift (8, 368), wenn er in der „Kritik der Urteilskraft" daran gemahnt, dass ein „langer Frieden den bloßen Handelsgeist, mit ihm aber den niedrigen Eigennutz, Feigheit und Weichlichkeit herrschend zu machen und die Denkungsart des Volks zu erniedrigen pflegt"[30].

So könnte ein Pazifist niemals sprechen. Doch Kant ist das möglich, weil er zwischen den unterschiedlichen Antriebskräften der Natur und der Vernunft unterscheidet: Als Tier,

---

29 Immanuel Kant, Kritik der Urteilskraft (5, 268).
30 A. a. O. (5, 268).

das der Mensch ist und immer bleibt, ist und bleibt er in den Antagonismus der Natur eingebunden. Er neigt zur Trägheit und Gleichgültigkeit, kann jedoch, auch im Umgang mit seinesgleichen, feindselig und rachsüchtig sein. Kant geht so weit, diese Antriebsstruktur noch zu den Bedingungen zu rechnen, aus denen die menschliche Kultur entsteht. Ja, er scheut sich nicht, den Krieg zu den Elementen der Selbstkultvierung der menschlichen Gattung zu rechnen.[31]

Doch obgleich sie unvereinbar erscheinen, stehen diese Überlegungen nicht im Widerspruch zur Friedensschrift. Sie beschreiben auch keine überwundene Stufe der menschlichen Evolution, die nunmehr einen neuen Typus eines friedliebenden Menschen hervorgebracht hat. Die geschichts- und kulturtheoretischen Schriften suchen vielmehr die Genese des Rechts zu rekonstruieren, das unter den Bedingungen, die mit dem Übergang in eine hochgerüstete Weltgesellschaft gegeben sind, den Frieden zu einem „ohne Vorbehalt" geltenden Gebot der Menschheit werden lässt.

Die Gefahr in dieser Weltlage ist, dass die Menschen, deren Natur sich nicht geändert hat, diese von ihnen selbst geschaffene Lage nicht erkennen und Absichten verfolgen, die längst ihre Gültigkeit verloren haben. Die Schrift „Zum ewigen Frieden" benennt eine Epochengrenze, die mit dem Übergang zur globalen Existenzform der Menschheit überschritten wird und der Immanuel Kant mit seiner auf „Weltbürgerrecht" in einem auf der ganzen Erde anerkannten Republikanismus gerecht zu werden sucht.

---

[31] So in seinen Schriften über die Geschichte in „weltbürgerlicher Absicht" (1784) (8, 24 ff.) und über den „muthmaßlichen Anfang der Menschengeschichte" (1786) (8, 121).

3. Das selbstverschuldete Ende der Menschheit

Im mittleren Teil des „Streit[s] der Fakultäten", bezogen auf strittige Fragen zwischen Vertretern der Philosophie und der Jurisprudenz, findet sich die vielzitierte Bemerkung über die Französische Revolution, von der es heißt, „ein solches Phänomen in der Menschengeschichte *vergißt sich nicht mehr*"[32]. Hier, so ist Kants Auffassung, sei es einem Volk gelungen, „eine Anlage und ein Vermögen in der menschlichen Natur zum Besseren" unter Beweis gestellt zu haben. Damit sei es den Franzosen möglich gewesen, sich aus eigener Kraft von einer die elementaren Rechte der Menschen missachtenden Herrschaft zu befreien.

Mit der Revolution meint Kant nicht[33] den Aufstand der Massen in den Straßen von Paris. In seinen Augen wurde die Revolution vom König in Gang gesetzt, indem er die Regierungsverantwortung der parlamentarischen Vertretung des Volkes übergeben hat. Damit hatte er auf seine Rechte als Staatsoberhaupt verzichtet. Und die Revolution, im strengen Sinn, hatte darin bestanden, seine von sich aus preisgegebenen Rechte zurückzufordern. Und dagegen hat sich das Volk gewehrt und schließlich erhoben. Also war der König der Revolutionär und nicht der Bürger, der sich seiner Willkür widersetzte.

Also kann sich Kant in der Erwartung bestätigt sehen, „daß das menschliche Geschlecht im Fortschreiten zum Besseren immer gewesen sei und so fernerhin fortgehen werde". Und was ihn auf den nachfolgenden Seiten beschäftigt, ist eben diese Manifestation des Verlangens nach einem Fort-

---

32 Immanuel Kant, Streit der Fakultäten (7, 88).
33 Wie oben im *achten Punkt* geschildert.

schreiten zum Besseren: Wie kann es sich vollziehen und welches Ende kann es haben?

Mit dieser Frage fügt Kant alles das, was er in seiner Friedensschrift fordert, in den Rahmen der Menschheitsgeschichte ein, und es wird auch im Horizont der Geschichte deutlich, dass die Friedensstiftung sowohl im Inneren wie auch im Äußeren der Staaten dem Ziel einer „weltbürgerlichen Gesellschaft" dienen soll, die alle Menschen umfasst.

Um aber nicht den Eindruck entstehen zu lassen, hier werde ein Prospekt für alle Zeiten eröffnet, der nach unablässig voranschreitenden Verbesserungen schließlich zu einem alle Menschen zufriedenstellenden Dauerzustand führt, zieht Kant eine noch unsichtbar in der Zukunft liegende Grenze ein, die dem mutmaßlichen *Anfang* der Menschengeschichte korrespondiert.[34] Und es ist diese spekulative Bemerkung, mit der Kant dem Erfahrungshorizont seiner Leser im 21. Jh. vermutlich näher kommt, als mit seinem auf Freiheit, Gleichheit und Gesetzlichkeit bestehenden Streben nach einer „weltbürgerlichen Gesellschaft": Es ist die *Natur*, welche die Geschichte der Menschheit in Gang kommen lässt; es ist und bleibt *Natur*, ohne die sich die Menschheit auch politisch gar nicht weiterentwickeln könnte; aber es ist auch *Natur, durch die sie und in der sie* schließlich ihr *Ende* findet!

Ein Ende der Menschengeschichte hatte Kant schon 1755 in seiner *Allgemeinen Naturgeschichte und Theorie des Him-*

---

[34] Ich verweise auf Kants Aufsatz über den *Muthmaßlichen Anfang der Menschengeschichte* (1786); dazu der Volker Gerhardt, Muthmaßlicher Anfang der Menschengeschichte, in: *Otfried Höffe* (Hg.), Immanuel Kant. Schriften zur Geschichtsphilosophie. Klassiker Auslegen, Bd. 46, Berlin 2011, 175-198; DERS., Kants Theorie der Kultur. Natur und Freiheit in ihrer geschichtlichen Verbindung, in: *Volker Gerhardt, Matthias Weber, Maja Schepelmann* (Hg.), Immanuel Kant. 1724-2024, Oldenburg 2022, 177-188.

mels beschrieben. Und so weiß er sich vierzig Jahre später auch den Spekulationen verbunden, in denen seine beiden Zeitgenossen *Petrus Camper* und *Johann Friedrich Blumenbach* von *zwei* „Naturrevolutionen" sprechen: die *erste*, in welcher der Mensch vor vielen Jahren seinen naturgeschichtlichen Auftritt hatte (und dabei zahlreiche andere Tiere verdrängte), und eine zweite, die noch in der Zukunft liegt, doch eines Tages mit Gewissheit folgen wird. Dieses *zweite* Ereignis wird aber zum *Verschwinden des Menschen* führen!

Von der ersten „Naturrevolution", von deren Anfang Kant 1755 nur hatte sagen können, dass er vor „Millionen von Jahren" stattgefunden haben müsse, hatte er damals nur eine auf kosmologische Annahmen gestützte Kenntnis. Auch Camper und Blumenbach verfügten über keine wirklich verlässlichen Beweise. Also können sie nur von ihrer mit Kant geteilten Vorstellung[35] einer allmählichen *Entstehung* und *Entwicklung der Lebewesen* auf der Erde ausgehen. Die Erde, so hatte Kant 1755 unterstellt, sei in ihrer Frühgeschichte als langsam erkaltender Planet über Millionen von Jahren hinweg unbelebt gewesen, ehe sich erstes Leben regte, nach einer langen Phase der Entstehung von Meeren und Kontinenten das sich in einer großen Vielfalt von *Pflanzen* und *Tieren* entfaltete. Nach Kants Annahme gehört der Mensch zu den Tieren, die

---

35 Kants erstes großes Buch, die „Allgemeine Naturgeschichte und Theorie des Himmels", war 1755 erschienen, kam aber aufgrund des Bankrotts des Verlegers nicht in den Handel. Erst 1801 wurde es in Auszügen öffentlich bekannt. Es findet sich heute, vielfach ergänzt im Band 1 der Akademie-Ausgabe. Zuvor gab es einen „Auszug" von Friedrich Theodor Rink, der eine Vorstellung von Kants Überlegungen vermittelte. Camper und Blumenbach wussten also nichts von den partiellen Gemeinsamkeiten mit Kant. Blumenbach und Kant schätzten einander sehr.

in der Entwicklung der Lebewesen erst sehr spät hinzugekommen sind.

Den Prozess der Entstehung und Entwicklung des Lebens auf der Erde nennt Kant Jahre später eine *Naturevolution*,[36] und verabschiedet damit eine Vorstellung, die jeden Vorgang auf der Erde mit einem besonderen göttlichen Schöpfungsakt verbindet und somit jede Entstehung eines neuen Lebewesens mit einer Präformation verknüpft. Die Präformations-These, wie sie von Leibniz vertreten worden war, hat Kant 1790 durch eine *Evolutions-Theorie* des Lebens ersetzt. Diese Ansicht hat sich in der Biologie rasch durchgesetzt; bekanntlich ist ihr auch Charles Darwin gefolgt. Sie geht davon aus, dass Pflanzen und Tiere als Naturwesen auch in Entstehung und Entwicklung an kausale Naturgesetze gebunden sind. Also müssen auch die Menschen aus mechanischen Ursachen entstanden sein, die den organischen Besonderheiten des Lebens, wie Kant in der Kritik der teleologischen Urteilskraft zeigt,[37] nicht im Wege stehen.

Zu den organischen Besonderheiten gehört die *Sterblichkeit der Lebewesen*. Die aber beschränkt sich nicht nur auf den einzelnen Organismus; sie bezieht auch die Existenz ganzer Arten ein, die „aussterben", wenn sich ihre Lebensbedingungen zu ihren Ungunsten verändern. Und eben darauf war schon das Interesse von Camper und Blumenbach bezogen, als sie die Ansicht äußerten, dass der menschlichen Gat-

---

36 Leibniz hatte eine Präformationsthese vertreten, die voraussetzt, dass der Keim zu jedem späteren Lebewesen in dieser Vererbungslinie bereits von Gott erschaffen und in den Lebewesen enthalten sein muss. Kant hat diese These 1790 einer scharfen Kritik unterzogen. Damit hatte er der „Präformations-" seine „Evolutionstheorie" entgegengestellt. *Immanuel Kant*, Kritik der Urteilskraft § 82 (5,422 ff.).

37 A. a. O. §§ 64–76 (5, 369 ff.).

tung nur eine endliche Lebensspanne beschieden sei. Auch die Menschheit, so ihre These, werde eines Tages untergehen, weil ihr natürliche Feinde erwachsen, die, vermutlich in Verbindung mit anderen Widrigkeiten, dazu führen, *dass die Menschheit als Gattung ein Ende findet*, während andere Lebewesen zur gleichen Zeit ihre Zukunft noch vor sich haben.

Kant hatte bereits 1755 die Auffassung vertreten, dass die Existenz der menschlichen Gattung spätestens dann zu ihrem Ende komme, wenn sich der Umlauf der Erde um die Sonne allmählich verlangsame. Dazu komme es zwangläufig, denn die Energie des Umschwungs nehme notwendig ab, wodurch der Abstand zur Sonne sich kontinuierlich verringere. So komme die Erde ihrem Zentralgestirn immer näher und schließlich so nahe, dass sie in die Sonne stürzen und darin verglühen werde. Kant beschreibt das auf diese Weise zustande kommende kosmische Feuerwerk, als habe er ihm von der Erde aus zugesehen. Das aber sei der kurze, letzte Akt, in dem nicht nur alle Menschen ihr Erde Ende finden, sondern auch alles Leben auf der Erde überhaupt.

Im Vergleich mit dem von Kant 1755 imaginierten spektakulären Untergang der Menschengattung fällt die 1768 von Camper und Blumenbach geäußerte Hypothese vom Ende der Menschheit wesentlich nüchterner aus. Ihre „Naturrevolution" besteht in der definitiven Verdrängung der Spezies Mensch durch andere Lebewesen.

Dreißig Jahre später hat Kant 1797 offenbar nicht den geringsten Zweifel, dass die Menschheit tatsächlich so enden könnte, wie es die beiden Naturforscher für möglich halten. Und hatte er sich 1755 das Eintauchen der Erde in die Sonne noch als großes kosmisches Spektakel vorgestellt, so denkt er in seinem Epilog zur Friedensschrift sogleich an die dramatischen Umstände eines Existenzkampfs der letzten Menschen mit ihren schließlich obsiegenden tierischen Nachfolgern. Er hält es für möglich, dass die den Menschen verdrängenden „anderen Geschöpfe", nunmehr mit ihm so verfahren, wie er mit ihnen umgegangen ist, als er Jahrtausende vorher selbst die „Bühne" des Lebens betrat und damit seinen Auftritt als kurzfristig bestimmende Macht der „Menschengeschichte" hatte.[38]

Wie immer dies auch gewesen sein mag: Für Kant ist damit wahrscheinlich gemacht, dass die Menschheit im Gang der Entwicklungsgeschichte des Lebens auf der Erde nicht nur ihren *naturgeschichtlichen Anfang* hat, sondern in ihm auch ihr *naturgeschichtliches Ende* finden wird.

Diese These kommentiert Kant mit einer Gelassenheit, als spräche er wie ein unbeteiligter Beobachter. Doch sein scheinbar ungerührt ausgesprochenes Urteil über das mit hoher Wahrscheinlichkeit zu erwartende Ende des *Naturwesens* Mensch ist nicht alles: Zwar gilt zum einen, dass der Mensch „für die Allgewalt der Natur [...] nur eine Kleinigkeit" darstellt. Aber über den Menschen als *Vernunftwesen*, als das er sich ja immer auch begreift, fügt Kant hinzu:

> „Daß ihn aber auch die Herrscher von seiner eigenen Gattung [also die Politiker, VG] dafür nehmen und als solche behandeln [nämlich als eine „Kleinigkeit"], indem sie ihn theils thierisch, als bloßes Werkzeug ihrer [politischen, VG] Absichten, belasten, theils in ihren Streitigkeiten gegeneinander aufstellen, um sie schlachten zu lassen – das ist keine Kleinigkeit, sondern Umkehr des Endzwecks der Schöpfung selbst."[39]

---

[38] Mit dem Einsatz der Mikroskopie haben wir heute eine gegenüber 1797 wesentlich erweiterte Vorstellung davon, welche Lebewesen ursächlich dafür sein können, dass die Menschheit untergeht. Wir brauchen das nicht nach Art der *science fiction* zu vertiefen.

Schärfer könnte das verächtliche Urteil über die herrschenden Politiker nicht ausfallen. Davon unabhängig ist das naturgeschichtliche Urteil über die unabänderlich begrenzte Lebensspanne der Menschheit: Eines Tages wird sie in der Konkurrenz mit anderen Lebewesen unterlegen und ausgestorben sein. Damit muss man mit Gewissheit rechnen. Offen ist nur, wann das sein wird und wie es geschieht. Und nur darauf kann der Mensch, wenn ihm denn Zeit bleibt, noch Einfluss nehmen. Fährt er wie bisher fort, seinesgleichen auf den Kampfplätzen der Politik zu „schlachten", ist das Ende absehbar und es wird unrühmlich, ja, schmählich sein. Liegt ihm aber daran, seine Lebensfrist als Gattung zu verlängern, hat er endlich ernst damit zu machen, die Kriege nicht länger als ein Mittel der Politik anzusehen.

Nur bei einem ernsthaft befolgten Kriegsverzicht gibt es eine Chance, dass der Mensch sein Dasein auf der Erde in Würde fortführen kann. An Arbeit, Mühe, großen Ereignissen und herausfordernden Zielen wird es gewiss auch dann nicht fehlen. Und die durch die gleichen Rechte regulierte Mitwirkung aller Menschen sollte nicht nur eine ethische Pflicht, sondern auch eine politische Selbstverständlichkeit sein, für die es dann bessere Argumente geben dürfte als je zuvor.

Dann bliebe vielleicht sogar noch Zeit, das natürliche Ende der Menschheit vorherzusehen. Da kann es als Trost empfunden werden, dass es nicht apokalyptisch sein muss; jedenfalls muss es nicht zwangsläufig mit dem Weltuntergang verbunden sein! Das kann die Religionen entlasten, die das Schicksal des Menschen nicht länger mit dem Bestand der

---

39 So kommentiert Kant den Umgang der Herrschenden mit ihren Untertanen. *Immanuel Kant*, Streit der Fakultäten (7, 89).

Welt in eins setzen müssen. Auch diejenigen, die dem Menschen nicht ohne Grund zum Vorwurf machen, sich mit seiner Lebensweise gegen die übrige Natur vergangen zu haben, könnten eine Genugtuung empfinden, dass sich die kosmische Natur als stärker erweist und dem Menschen in seinem Ende nur das Schicksal antut, das er in seiner Geschichte so vielen anderen Arten angetan hat. Und jene Misanthropen, die den Menschen ohnehin als das gefährlichste „Ungeziefer" ansehen, das die Erde je verseucht hat, müssten zutiefst befriedigt sein.[40]

Doch alle, die mit der Existenz des Menschen noch Hoffnungen verbinden, können die Einsicht in die existenzielle Bindung des Menschen an die Natur als Herausforderung begreifen und darin die Chance wahrnehmen, ihn mit der vereinigten Kraft seiner theoretischen und praktischen Vernunft so lange wie möglich im Gleichgewicht der Natur zu halten. Das jedenfalls kann man aus der Perspektive des 21. Jahrhunderts hinzufügen. Dann nämlich könnte der Mensch nicht nur dazu beitragen, seine Lebenszeit als Gattung zu verlängern, sondern auch etwas von der Selbstachtung zurückgewinnen, die er im gedankenlosen und verschwenderischen Umgang mit seiner eigenen Natur als humanes Wesen so gründlich in Frage gestellt hat.

Das etwa ist die Hoffnung derer, die mit der Proklamation des „Anthropozän" dem Menschen noch eine letzte geologische Frist von einigen tausend Jahren setzen, in denen die Gattung von der Plünderung ihres Planeten ablässt, die mit ihr lebenden Arten anderer Lebewesen schont und zu einer Lebensweise findet, die sich im Gleichgewicht mit den sie tra-

---

[40] So etwa bei *John Gray*, Von Menschen und anderen Tieren. Abschied vom Humanismus, Stuttgart 2010.

genden Naturkräften hält. Dass dabei der Menschheit die politischen Aufgaben abhandenkommen, muss niemand befürchten, denn die Menschen würden weiterhin in kulturell unterschiedenen Gemeinschaften leben und hätten im Inneren wie auch in ihren Außenverhältnissen mit den Problemen umzugehen, wie wir sie aus der menschlichen Geschichte kennen. Auch wenn es der Menschheit gelänge, sich grundsätzlich auf den Einsatz von Techniken zu beschränken, deren nachteilige Folgen innerhalb einer Generation wieder behoben werden können, bleiben genügend Konflikte, zu deren Bewältigung das Menschenrecht benötigt wird.

Zu den Menschenrechten gehören nicht nur allgemein die politische Freiheit und die Gleichheit vor dem Gesetz. Die weltweite Unterdrückung der Frauen, der Menschen mit abweichendem Glauben sowie der als störend empfundenen Minderheiten stellen vorrangige Probleme für den Weltfrieden dar. Und um diesen Frieden zu wahren, benötigt die *Menschheit als ganze* Organisationen, die für eine ungehinderte Kommunikation, für eine globale Gefahrenabwehr und einen möglichst lückenlosen Schutz vor Verbrechen sorgen.

So könnte der Mensch seine Selbstachtung wahren und die Menschheit bliebe solange ihre Lebensfrist reicht, der „Selbstzweck", von dem die Realisierung aller menschlichen Fähigkeiten abhängt. Denn *Verstand* und *Vernunft* hat der einzelne Mensch nur, sofern er *Teil der Menschheit* ist. Und vermutlich bleiben ihm diese Fähigkeiten nur erhalten, solange ihm der Umgang mit seinesgleichen erhalten bleibt.

Der weitere „Fortschritt" bliebe dann derselben Natur überlassen, der es möglich war, den Menschen entstehen zu lassen. Das sollte uns davor bewahren, ihr für die Zeit nach der Menschheit – bis zum Absturz der Erde in die Sonne (oder was auch sonst aus ihr und ihren Geschöpfen wird) – alle weiteren Entwicklungsmöglichkeiten abzusprechen. Wir können nur hoffen, dass der Mensch sich bis dahin die Eigenschaft bewahrt, die ihm lange Zeit als die vorzüglichste erschien, nämlich ein *vernünftiges* Wesen zu sein. Dann hätte er die Chance, auch im letzten Akt seiner Existenz als Gattung das zu bewahren, was sich jeder im Sterben nur wünschen kann, nämlich *gefasst* und *gelassen* zu sein – wozu die Zuversicht gehört, dass alles, was ihm widerfahren ist, nicht alles gewesen sein kann.

Gefasst und gelassen – das ist die Haltung, die wir uns und unseren Nächsten als sterbliche Wesen für unser persönliches Ende wünschen. Das ist der Wunsch, den wir nach allem, was wir sagen können, auch den letzten Menschen hinterlassen, die das Schicksal haben, ihr Ende als Zeitzeugen des Untergangs aller Menschen zu erwarten. Die Menschheit hat so die definitive Gelegenheit, sich *selbst ein Beispiel* zu geben – eine letzte Möglichkeit, über sich hinauszuwachsen und ihrem Dasein einen sich bereits in der Gegenwart erfüllenden Sinn zu geben.

Um diesen Sinn zu retten, postuliert Kant die moralische Idee der Unsterblichkeit.[41] Das halten zwar manche für einen Rückfall in für überwunden gehaltene Glaubenszeiten. Doch von einem Rückfall kann bei Kant keine Rede sein. Denn die Annahme der Dauer ist die semantische Kondition der Bedeutung von Begriffen wie *Erwartung*, *Hoffnung* oder *Glauben*. Auch der Begriff des *Sinns* gehört dazu.[42] Das kann durchaus auch ein philosophischer Impuls für Religionen sein, die

---

[41] In der Sache ganz ähnlich: *Karl Jaspers*, Vom Ursprung und Ziel der Geschichte, Zürich 1949, 109 ff. Und mit Blick auf die atomare Vernichtung des menschlichen Lebens: *ders.*, Die Atombombe und die Zukunft des Menschen, München 1958, 470 f.

darin eine Bedingung für alles sehen, was ihnen Anlass für Trost und Zuversicht ist – ohne freilich daraus die Berechtigung ableiten zu können, einen Glauben mit einem sozialen Zwang zu verbinden.

Das ist auch in moralischen und politischen Fragen nicht anders, insbesondere wenn es um das Selbstverständnis des Menschen geht. Denn auch die Bedeutung von Begriffen wie *Person* und *Menschheit* bleibt, so lange es überhaupt Menschen gibt, die damit einen Sinn verbinden. Und so kann sich ein Mensch noch am Ende seines Lebens dem Gehalt dieser Begriffe verpflichtet wissen. Das gilt auch für die Formel von der *Menschheit in der Person* eines jeden. Diese Formel erlaubt uns, von der *Demokratie* als der *politischen Form der Menschheit* zu sprechen und den Frieden als die Bedingung anzusehen, in der die Menschheit zu sich selber finden kann.

Die hohe Wahrscheinlichkeit, die ein naturgeschichtliches Ende der Menschheit hat, schließt eine alle Menschen verbindende Gemeinsamkeit ein: Ihr Leben hat ein Ende und das, was ihnen angesichts ihres Todes letztlich allein bleibt, ist eine Hoffnung auf etwas Kommendes. Was das ist und was es bedeutet, kann ihnen niemand sagen – ganz gleich, ob der Mensch in der Zuversicht einer sich nach ihm fortsetzenden Generationenkette stirbt, oder sich in der dramatischen Lage eines erwarteten Endes des menschlichen Lebens überhaupt wähnt.

Hier ist es allemal das größte Glück, einen Sinn in dem von ihm gelebten Leben gefunden zu haben. Schon dazu gehört ein *Glauben*, denn die Sicherheit eines *Wissens* gibt es

---

42 Dazu *Volker Gerhardt*, Der Sinn des Sinns. Versuch über das Göttliche, München 2014, ⁴2017.

selbst in den die Vergangenheit, die Gegenwart und die unmittelbar bevorstehenden Erwartungen betreffenden Sinnerwartungen nicht.[43]

Also kann man sagen, dass es zwar ein grundstürzendes Ereignis wäre, wenn durch den Tod aller Menschen zwangsläufig auch die menschliche Kultur, mitsamt ihrer Geschichte und der unzähligen Erwartungen, die in ihre Zukunft reichen, abrupt beendet wäre. Es gäbe auch keine Aussicht, dass sich bei den Pflanzen und Tieren, die den Menschen auf seinem kollektiven Lebensweg durch die Jahrtausende hindurch begleitet haben, irgendein mitteilbares Verständnis bewahrt hat. Also bleiben nur die Nachrichten, die in den letzten Jahrzehnten aufs Geratewohl ins All geschossen wurden, von denen aber niemand weiß, ob sie, wenn sie überhaupt irgendwo empfangen werden, dort auch verstanden werden können.

Doch wie dem auch sei: Für die letzten Menschen, mit denen die menschliche Kultur untergeht, wäre alles verloren – so wie sie bei allen verloren ist, die in der Geschichte eine kurze Zeit dazu gehört haben und anschließend auf natürliche oder gewaltsame Weise uns Leben gekommen sind. Dieses Schicksal inmitten der Kultur hatten alle Menschen, sofern sie ein Bewusstsein von ihrem Dasein hatten. Mit diesem Schicksal haben wir alle zu rechnen, ganz gleich, ob wir unseresgleichen, auch über den Tod einzelner hinaus, noch eine Zukunft zugestehen oder nicht. Der Einzelne, der unter den Konditionen einer auch über ihn hinausgehenden Geschichte der Menschheit stirbt, hat *seine* Zukunft dauerhaft verloren. Also macht es für ihn keinen Unterschied, ob nach ihm noch eine blühende Zukunft, weitere Jahrhunderte

---

43 Vgl. *Volker Gerhardt*, Wissen und Glauben. Ein notwendiger Zusammenhang, Stuttgart 2016, [4]2021.

schändlicher Krieg oder eine Erdgeschichte folgt, in der er nicht mehr vorkommt.

Bedeutung gibt es für den Menschen nur solange er lebt. Gibt es nach seinem Ableben als Individuum weitere Individuen, die ein Chance haben, die Leistungen seiner Vorfahren zu verstehen, kann er, solange er lebt, seine Hoffnung auf die setzen, die ihm nachfolgen. Kann er, in Erwartung des Aussterbens aller Menschen, darauf nicht mehr setzen, bleibt ihm nur noch die Hoffnung auf einen gleichwohl alles menschliche und nicht-menschliche Dasein tragenden Sinn. Da er von ihm nichts *wissen*, aber dennoch an ihn *glauben* kann, tut er gut daran, diesen seine Welt- und Selbstsicht tragenden Sinn übermenschlich – und im besten Sinn des Wortes: *göttlich* – zu nennen.

So haben wir die sinngebenden „Postulate" zu verstehen, die Kant allen *wohlmeinenden, die besten Kräfte des Menschen fördernden* und letztlich nur als *vernunftgeleitet* zu bezeichnenden Impulsen unterstellt. Diese *Postulate der praktischen Vernunft (Freiheit, Unsterblichkeit* und *Dasein Gottes)*[44] haben, Kant zufolge, die Kraft, dem Handeln des Menschen unter allen Bedingungen eine Richtung zu geben, ganz unabhängig davon, an welchem Wegpunkt der Menschheit er stirbt – auch wenn er der letzte Mensch sein sollte, der aus dem Leben geht. Vor seinem Tod steht er so allein, wie jeder Mensch seit je her vor seinem eigenen Tod gestanden hat. Und hier ist keinem Menschen, wenn er denn überhaupt das Glück hat, glauben zu können, niemals mehr geblieben, als sein Glauben an einen ihm zugewandten Gott.[45]

---

44 *Immanuel Kant*, Kritik der praktischen Vernunft (5,122 ff.).
45 Dazu: *Martin Luther*, Predigt am 9. März 1523, Ausg. Schriften, hs. v. K. Bornkamm/G. Ebeling, Bd. 1, Frankfurt 1984, 271.

Johannes Wischmeyer
Die Sorge als Maßstab
Stand und Perspektiven der evangelischen Rede von Krieg und Frieden

Für die Kirche ist es – anders als für die Politik – nicht ehrenrührig, vom Krieg auf dem falschen Fuß erwischt zu werden. Christen könnten sich selbst nicht ernst nehmen, wenn sie nicht bis zuletzt die Hoffnung auf Frieden und Versöhnung hochhielten.

Allerdings bringt die Situation, in die Europa und Deutschland durch den russischen Angriffskrieg gegen die Ukraine beinahe unvorbereitet geraten sind, deutliche Anfragen an die evangelische Kirche mit sich. Über die normativen Prämissen, die für mehr als eine Generation ihre friedensethische Haltung geprägt haben, ist neu zu diskutieren. Endgültig steht die Frage im Raum, ob das bisherige öffentliche Räsonnement der evangelischen Kirche mit dem Primat der Gewaltlosigkeit, mit der oft artikulierten Ablehnung der NATO-Budgetziele und mit der einseitigen Priorisierung ziviler Konfliktlösungsmechanismen im Rahmen eines internationalen Institutionalismus noch die richtigen Ziele im Blick hat. Diese Fragen sind seit dem 24. Februar 2022 angesichts der dramatisch veränderten Situation in vielen kirchlichen Leitungs- und Beratungsgremien auf den Tisch gekommen. Es wurde deutlich, dass es im Raum der evangelischen Kirche zwar eine gemeinsame Bewertung des politischen Sachverhalts gibt: Niemand streitet ab, dass es sich beim gegenwärtigen Kriegsgeschehen in der Ukraine um eine völkerrechtswidrige Aggression Russlands gegen das souveräne Nachbarland handelt, dessen militärische Gegenmaßnahmen durch das in der Charta der Vereinten Nationen garantierte Recht auf Selbstverteidigung gedeckt sind. Doch was dieser Sachverhalt für das außenpolitische Handeln der Bundesrepublik Deutschland bedeutet und welche grundlegenden Fragen dieser Krieg an das Handeln der evangelischen Kirche und an die öffentliche Artikulation ihrer von der Evangeliumsbotschaft her motivierten gesellschaftlichen Verantwortung stellt – hierüber besteht keine einheitliche Anschauung. Vielmehr herrschen Dissens und häufig auch Sprachlosigkeit vor.

Das kann nicht befriedigen. Denn die evangelische Kirche kann es sich zwar gefallen lassen, dass ihre friedensethischen Positionen idealistisch, naiv oder weltfremd genannt werden. Was sie sich nicht leisten sollte, ist, dass ihr Beitrag irrelevant bleibt. Auch wenn ihre Stimme in der Öffentlichkeit heute sicher weniger gehört wird als vor einer Generation, bleibt es eine – nicht nur von politischen Eliten regelmäßig artikulierte – gesellschaftliche Erwartung, dass die Kirche in Krisenzeiten auf kollektive Sorgen hilfreich und orientierend reagiert. Eine solche Reaktionsfähigkeit sollte nach wie vor das Ziel kirchlich-theologischer Selbstverständigung sein und dementsprechend in inhaltlich konsistenten und an echten gesellschaftlichen Bedürfnislagen orientierten Praxisimpulsen zum Ausdruck kommen.

In der Vergangenheit war der kirchliche Einsatz auf dem Feld der Friedensethik und Friedensbildung hoch: Friedensdenkschriften und ökumenische friedenspolitische Initiativen wurden flankiert von praktischer Friedens- und Versöhnungsarbeit. Das Thema nahm zwischen ca. 1970 und 2000 einen prominenten Platz in Verkündigung und Religionsunterricht ein. Das hatte einen großen Aufbau von Expertise und Spezialisierung, längerfristig aber auch Abnutzungserscheinungen und Verengungseffekte zur Folge.

Die kontroverse Debatte in jüngster Zeit muss vor dem Hintergrund jener lange vorlaufenden Hochphase der kirchlichen Friedensarbeit verstanden werden. Es ist verständlich, dass angesichts einer Herausforderung, wie sie der Ukrainekrieg darstellt, die Fortführung häufig hochspezialisierter Diskurslinien in den Hintergrund der Wahrnehmung trat. Defizite der aktuellen friedensethischen Diskussion hinsichtlich einer ganz konventionellen Kriegssituation zwischen Staaten mitten in Europa wurden demgegenüber schmerzlich sichtbar. Es zeichnete sich rasch ab, welche Argumentationsfelder in der jüngeren Vergangenheit vernachlässigt worden waren. Auch die Frage, ob nicht insgesamt ein Neuansatz der evangelischen Friedensethik notwendig sei, wird immer wieder gestellt. In jedem Fall erscheint eine Verständigung darüber notwendig, mit welchen Zielen evangelische Theologie und Kirche am friedensethischen Diskurs teilnehmen sollten, welche Argumentations- und Plausibilisierungsebenen sie für sich erschließen sollten und welcher Semantiken sich eine authentische kirchlich-theologische Rede von Krieg und Frieden bedienen kann.

Im Folgenden zeichne ich zunächst den aktuellen Diskussionsstand im Umriss nach. (1.) Dann nehme ich kurz einige Anzeichen für die in der jüngeren Vergangenheit zu beobachtende Debattenverengung in den Blick. (2.) Schließlich skizziere ich, welchen Maßstäben die kirchliche Rede von Krieg und Frieden genügen sollte, wenn sie menschendienlich und theologisch reflektiert ist. (3.)

1. Evangelische Friedensethik angesichts der „Zeitenwende"

Immer wieder erschienen im Laufe des Jahres 2022 Textbeiträge, die sich an einem vorläufigen Resümee versuchten: Wie steht die friedensethische Diskussion im Umfeld der evangelischen Kirche in Deutschland da angesichts der politischen Lage, die durch den Angriffskrieg Russlands gegen die Ukraine und die vom Bundeskanzler in der Folge ausgerufene „Zeitenwende" in der allgemeinen Wahrnehmung eine neue Qualität gewonnen hat?

Die Autoren kamen zu unterschiedlichen Urteilen: Bereits im Frühjahr setzten der Sozialethiker Reiner Anselm und die beiden evangelischen Militärgeistlichen Katja Bruns und Roger Mielke einen ebenso kritischen wie konstruktiven Impuls.[1] Die drei Autoren rufen zu mehr Realismus und erhöhtem Bewusstsein für die politischen Kontexte auf. Der den innerevangelischen Diskussionen zugrundeliegende liberale, primär an Form und Verfahren der internationalen Rechtsordnung angelehnte Friedensbegriff müsse einerseits im Sinne einer komplexeren Realitätswahrnehmung fortentwickelt werden. Andererseits dürfe nicht die Komplementarität „zwischen den friedensethischen Traditionslinien eines pflichtenethischen Rigorismus einerseits und einer güterethischen Verantwortungsethik andererseits" aufgegeben werden, welche die EKD-Friedensdenkschrift aus dem Jahr 2007 charakterisiert.[2] Die Autoren erinnern damit daran, dass die

---

[1] Reiner Anselm/Katja Bruns/Roger Mielke, Starke Zeichen. Überlegungen zu einer neuen evangelischen Friedensethik, in: zeitzeichen (April 2022: https://zeitzeichen.net/node/9632; Zugriff am 12. Februar 2023).

[2] Ebd.; vgl. Aus Gottes Frieden leben – für gerechten Frieden sorgen. Eine

friedensethische Urteilsbildung der evangelischen Kirche in Deutschland seit der sogenannten „Ohnmachtsformel" der Spandauer EKD-Synode von 1958 und den „Heidelberger Thesen" von 1959 lange Zeit einen differenzierten, oft auch fragilen Kompromiss zwischen prinzipiellem Pazifismus und der Offenheit für die Konsequenzen eines – notfalls gewaltbewehrten – politischen Handelns von Christenmenschen mit dem Ziel des Rechtserhalts in der Tradition der (neu-)lutherischen Zwei-Reiche (bzw. Regimenten)-Lehre gesucht hat.[3] Zielbild für Anselm, Bruns und Mielke ist – unter Aufgriff einer aktuellen politikwissenschaftlichen Formel[4] – die Weiterentwicklung der evangelischen Friedensethik in Richtung eines „robusten Liberalismus".

Was im genannten Beitrag nicht explizit zur Sprache kommt, haben andere offen ausgesprochen: Es fehlt zur Zeit an einem kirchlich vereinbarten Dokument, das in mehrheitsfähiger Form die politisch-militärischen Herausforderungen des Tages adressiert, evangelischen Christinnen und Christen Handlungsorientierung gibt und gleichzeitig in der weiteren Gesellschaft als konstruktiver Gesprächsimpuls wahrgenommen werden kann. Zwar gilt vielen die Friedens-

---

Denkschrift des Rates der Evangelischen Kirche in Deutschland, Gütersloh 2007 (https://www.ekd.de/ekd_de/ds_doc/denkschrift_frieden_gtvh_2022_2007.pdf; Zugriff am 12. Februar 2023).

[3] Vgl. Nikolaus *Keitel*, Verantwortung durch Perspektivendifferenzierung, in: Aus Verantwortung. Der Protestantismus in den Arenen des Politischen, hg. von *Christian Albrecht* und *Reiner Anselm*), Tübingen 2019 (Religion in der Bundesrepublik Deutschland 3), 229–246.

[4] Thomas *Kleine-Brockhof*, Eine neue freie Welt. Wie der Westen aus der Krise findet Ein Gastbeitrag, in: Die Zeit (22. September 2019: https://www.zeit.de/2019/39/liberalismus-europa-usa-nationalismus-demokratie-krise; Zugriff am 12. Februar 2023).

denkschrift der EKD aus dem Jahr 2007 nach wie vor als zentraler Bezugspunkt – aus aktueller Sicht zwar entwicklungsbedürftig, aber eben auch entwicklungsfähig. Doch die erst vor kurzem verabschiedete friedensethische Kundgebung der EKD-Synode 2019 wird diesen Ansprüchen offenbar nicht umfassend gerecht.[5] Und auch die EKD-Synode des Jahres 2022 fand angesichts des aktuellen Kriegsgeschehens nicht zu einer Stellungnahme, aus der klar hervorgeht, wie das Ziel einer Sicherung der Rechtsstaatlichkeit in Europa und weltweit mit einer deutlichen Distanzierung von „militärischen Kategorien" der Konfliktlösung und der Warnung vor einem neuen „Rüstungswettlauf" in Übereinstimmung gebracht werden kann.[6]

Mehr noch: Kritiker bemängeln, die Synoden-Kundgebung von 2019 habe einseitig das Ziel gewaltfreien Handelns priorisiert, zugleich ein Plädoyer für die ethische Dignität rechtserhaltender Gewalt versäumt und damit das obengenannte Komplementaritätsprinzip verlassen. Seit längerem hat sich der Militärgeistliche Hartwig von Schubert kritisch mit den Entwicklungstendenzen kirchlicher Friedensethik, auch auf Ebenen jenseits der EKD, auseinandergesetzt. Bereits im Vorfeld der EKD-Friedenssynode 2019 hatte von Schubert den Voten einiger Landeskirchen bescheinigt, dass sie den Rahmen einer evangelisch-theologisch akzeptablen Frie-

---

5 Kirche auf dem Weg der Gerechtigkeit und des Friedens. Kundgebung der 12. Synode der Evangelischen Kirche in Deutschland auf ihrer 6. Tagung (https://www.ekd.de/kundgebung-ekd-synode-frieden-2019-51648.htm; Zugriff am 12. Februar 2023).

6 Beschluss zu Frieden – Gerechtigkeit – Bewahrung der Schöpfung. 3. Tagung der 13. Synode der EKD vom 6. bis 9. November 2022 in Magdeburg (https://www.ekd.de/beschluss-frieden-gerechtigkeit-bewahrung-der-sch oepfung-76163.htm; Zugriff am 12. Februar 2023).

densethik verließen. Die Diffamierung militärischer Gewalt in diesen Voten sei als Infragestellung des staatlichen Gewaltmonopols und Rechtsvollzugs und als Abkehr von den Grundlagen der Charta der Vereinten Nationen (Art. 51: Staatliches Recht auf Selbstverteidigung im Fall eines bewaffneten Angriffs) zu werten.[7] Ursache solcher Vereinseitigung sei die „Machtvergessenheit" protestantischer Meinungsführer und ihr schwindendes theologisches Bewusstsein für die „Sündenverhaftung des Menschen"[8]. Demgegenüber besteht von Schubert nach wie vor darauf, dass ein für die evangelische Kirche konsensfähiger Meinungskorridor im Sinne eines „realistischen Liberalismus" an einer „Ethik rechtserhaltender Gewalt" arbeiten müsse.[9] Die EKD-Denkschrift von 2007 biete mit ihrer Grundierung in der kantischen Rechts- und Staatsphilosophie und ihrem positiv-rechtlichen Bezug auf die UN-Charta auch angesichts der aktuellen Herausforderung des Ukrainekrieges ein stabiles Fundament für einen „realistischen und bewaffneten Rechtspazifismus"[10].

Angesichts dieser grundsätzlich optimistischen Einschätzung gilt es von Schuberts Bedenken gegenüber der jüngsten kirchlichen Positionierung auf EKD-Ebene ernstzunehmen. Diese hat es seinem Urteil zufolge versäumt, Problemfelder anzugehen, die sich angesichts der russischen Invasion in der Ukraine deutlich darbieten. Von Schubert benennt folgende Defizite: die Auseinandersetzung mit den religiös-symboli-

---

7 *Hartwig von Schubert*, Pflugscharen und Schwerter. Plädoyer für eine realistische Friedensethik, Leipzig 2019, 13.

8 A. a. O., 21.

9 A. a. O., 16.

10 *Hartwig von Schubert*, Recht von Freien für Freie. Evangelische Friedensethik in der Zeitenwende, in: zeitzeichen (06.10.2022: https://zeitzeichen.net/node/10035; Zugriff am 12. Februar 2023).

schen Deutungsebenen des Krieges, das Bemühen um ein realistisches Lagebild sowie die Diskussion um die „Tragfähigkeit konkurrierender Wirklichkeitsanalysen" – gleichzeitig mahnt er eine am aktuellen Krisenfall ansetzende Grundsatzdiskussion über die Aufgaben kirchlich verantworteter öffentlicher Theologie an.[11]

Von Schuberts Mahnung schließt an kritische Urteile an, die im Laufe des Jahres 2022 eine breite Unzufriedenheit mit Teilen der friedensethischen Diskussion auf evangelischer Seite dokumentierten: Teilweise geschieht dies pointiert wie die Polemik des Kirchenrechtlers Hans-Michael Heinig gegen eine „Ponyhof-Theologie", die hinter etablierte Maßstäbe reformatorischer Orientierung an Menschenrechten und Demokratie zurückfalle,[12] oder die Philippika des theologischen Ethikers Johannes Fischer, der die Kundgebung der EKD-Synode von 2019 vor dem Hintergrund des Ukrainekrieges nochmals als Resultat einer „fundamentalen theologischen Verirrung" bezeichnete und ihr attestierte, „zwischen Fragen des Glaubens und Fragen der (Sicherheits-)Politik nicht zu unterscheiden imstande oder willens" zu sein.[13] Fischer hält die derzeit im EKD-Rahmen vertretene Friedensethik für nicht adäquat, da sie grundlegende Einsichten wie diejenige in die

---

11 *Hartwig von Schubert*, Revision verpasst. Die EKD-Synode analysiert die Situation in der Ukraine schonungslos, verändert ihre friedensethische Position aber nicht, in: zeitzeichen (24.11.2022: https://zeitzeichen.net/node/10123; Zugriff am 12. Februar 2023).

12 https://www.evangelisch.de/inhalte/200226/24-04-2022/kirchenrechtler-heinig-kritisiert-friedensethik (Zugriff am 12. Februar 2023).

13 *Johannes Fischer*, Ein Scherbenhaufen. Kritische Anmerkungen zur offiziellen Friedensethik der Evangelischen Kirche in Deutschland (EKD), in: zeitzeichen (02.03.2022: https://zeitzeichen.net/node/9604; Zugriff am 12. Februar 2023).

Trennung zwischen moralischer und politischer Sphäre, in das ethische Dilemma der politischen Verantwortungsübernahme oder in die politische Notwendigkeit der Staatensouveränität vermissen lasse.

Daneben stehen Stimmen, die nach wie vor behaupten, die Entwicklung des friedensethischen Diskurses der EKD sei langfristig folgerichtig verlaufen: Nachdem der theologische Ethiker Ulrich Körtner jüngst forderte, die EKD solle ihre Position in Sachen atomarer Bewaffnung ändern, widersprach der ehemalige Friedensbeauftragte der EKD Renke Brahms: Dass die EKD-Synode 2019 eine völkerrechtliche Ächtung und das Verbot von Atomwaffen gefordert habe – samt dem Appell an die Bundesregierung, den Atomwaffenverbotsvertrag zu unterzeichnen –, bedeute keine Abkehr vom Komplementaritätsprinzip der „Heidelberger Thesen". Vielmehr folge die jüngste Willensbildung der EKD der „tendenzielle[n] Asymmetrie" evangelisch-kirchlicher Friedensethik in Richtung einer immer deutlicheren Option für Gewaltlosigkeit. Über die konkrete Sachfrage hinaus hält Brahms fest:

> „Anpassung friedensethischer Überlegungen an eine schreckliche Wirklichkeit um einer falsch verstandenen ‚Anschlussfähigkeit' willen entspricht nicht dem Auftrag der Kirche, die bei aller Vorsicht und Vorläufigkeit doch mit den Möglichkeiten Gottes und Schritten zum Frieden rechnen sollte."[14]

Die Stimmen, die sich mit dem Bestehenden nicht zufriedengeben, überwiegen jedoch. Auch bei Theologen, die ihre eigene Position in relativ starker Kontinuität zur bisherigen frie-

---

14 *Renke Brahms*, Heidelberger Thesen – ein Mythos? Warum sich seit 1959 viele Parameter geändert haben (04.10.2022: https://zeitzeichen.net/node/10033; Zugriff am 12. Februar 2023).

densethischen Diskussion im Umfeld der EKD sehen, wird das Bemühen deutlich, Aspekte einer notwendigen Fortentwicklung des Diskurses zu benennen. So ist ein gemeinschaftlich von Elisabeth Gräb-Schmidt und Wilfried Härle, beide wissenschaftliche Vertreter der systematisch-theologischen Ethik, sowie dem ehemaligen Militärbischof Sigurd Rink verfasster Beitrag wohl als der Versuch zu verstehen, unter der Prämisse des „gerechten Friedens" als Leitkonzept die traditionellen Kriterien des „gerechten Krieges" zu rehabilitieren und evangelische Friedensethik damit robuster – etwa in der Frage von Waffenlieferungen – und ökumenisch anschlussfähiger zu machen.[15]

2. Die Verdrängung des Krieges – Verengungen des friedensethischen Diskurses

Die aktuellen Voten erweisen, dass der friedensethische Diskurs im Umfeld der evangelischen Kirche in der jüngeren Vergangenheit zum Teil spezifische thematische Verengungen erfahren hat, die eine Reaktionsfähigkeit in der aktuellen Situation erschweren. Evangelische Friedensethik präsentiert sich überwiegend als ein hochspezialisiertes Unternehmen, das offenbar weder für ihre primären Anwender – Kirchenmitglieder und im Glauben Hochverbundene – noch in die Gesamtgesellschaft hinein überzeugend ausstrahlungsfähig ist. Am ehesten ist der positive Anwendungsbezug vermutlich im Kontext der bundeswehrinternen Rezeption gegeben, wo der von den Militärgeistlichen verantwortete lebenskundliche Unterricht für die Soldatinnen und Soldaten ein

---

15 Elisabeth Gräb-Schmidt/Wilfried Härle/Sigurd Rink, Wenn du Frieden willst ..., in: FAZ (27.12.2022), 7.

kontinuierliches Forum für den Abgleich zwischen Theorieinput und Reflexion militärischer Praxiserfahrung bietet.[16]

Erste Sachmängellisten sind mittlerweile erstellt. Hartwig von Schubert sieht besonderen Beratungsbedarf auf sieben Feldern. Neu zu bewerten sind seiner Ansicht nach:

> „(1) die in der Politik dominierenden Legitimitätsansprüche und zwar anhand der Kriterien der in der Denkschrift entwickelten Ethik rechtserhaltender Gewalt; (2) die speziell theologischen Deutungen friedensethischer Urteile; (3) die Tragfähigkeit konkurrierender Wirklichkeitsanalysen (4) die Frage des Umgangs mit autokratischen Mächten; (5) das unverändert brisante Thema der atomaren Bewaffnung; (6) die Rolle der VN-Charta und des Rechts bewaffneter Konflikte und (7) die Stärken und Schwächen einmal militärischer und zum anderen ziviler Konfliktbearbeitung."[17]

Der evangelische Militärbischof Bernhard Felmberg mahnte die EKD, im Zuge einer Neuberatung ihrer friedensethischen Orientierung „gründlicher und besser über Verteidigungspolitik und Verteidigungsbereitschaft nachzudenken"[18].

Insbesondere die Analysefähigkeit, verbunden mit einer umfassenden und wirklichkeitsnahen Betrachtung der poli-

---

16 Friedensethik im Einsatz. Ein Handbuch der Evangelischen Seelsorge in der Bundeswehr. Im Auftrag des evangelischen Militärbischofs hg. vom Evangelischen Kirchenamt für die Bundeswehr. Redaktionelle Leitung: *Hartwig von Schubert*, Gütersloh 2009; *Angelika Dörfler-Dierken*, Militärseelsorge und Friedensethik, in: EvTh 70, 2010, 278–292.

17 *von Schubert*, Revision verpasst (s. Anm. 11). Zum Recht bewaffneter Konflikte, einem in der kirchlichen friedensethischen Diskussion oft vernachlässigten Thema, vgl. *ders.*, Pflugscharen und Schwerter (s. Anm. 7), 135–143.

18 Bischof fordert Hilfe für Kiew. „Auch mit den Waffen unterstützen, die helfen" (*Reinhard Bingener*, Interview mit *Bernhard Felmberg*, FAZ, 12.07. 2022).

tischen und militärischen Situation, bleibt eine unerlässliche Voraussetzung für die friedensethische Urteilsbildung. Im Anschluss an die EKD-Synode 2022 wurde an die Notwendigkeit erinnert, sich vor einer kirchlich-theologischen Stellungnahme „auf Lagebeurteilungen und Situationsanalysen einzulassen." Gleichzeitig besteht ein Caveat: Die Ergebnisse einer solchen Analyse sollten nämlich immer nur thetisch in die friedensethische Argumentation einfließen. Deskriptive und normative Aspekte sollten deutlich voneinander unterschieden bleiben.[19] Dies ist in friedensethischen Konsensdokumenten häufig nicht der Fall. So behauptet etwa der bereits zitierte Beschluss der EKD-Synode 2022: „Krieg kennt nur Verlierer. Gewonnen werden kann nur ein gerechter Friede." Das ist empirisch erkennbar nicht richtig. Im Schlechten wie im Guten – man denke an die Befreiung der Deutschen von der Willkürherrschaft des Nationalsozialismus – kann ein bis zum Schluss ohne Verhandlungslösung durchgefochtener Krieg mit einem eindeutigen militärischen Sieg enden, der im Glücksfall sogar zur Wiederherstellung des gestörten Rechtsrahmens führt.

Dass die Unterscheidung zwischen normativer und empirischer Ebene der Argumentation häufig nicht zufriedenstellend klar getroffen wird, erscheint geradezu als eine Charakteristik der deutschsprachigen Friedensethik im Umfeld der evangelischen Kirche. Dies mag damit zusammenhängen, dass sich in friedensethischen Diskurszusammenhängen ein fester, auch ökumenisch etablierter Konsens herausgebildet zu haben scheint, der auf einer prinzipiellen Ebene gewaltförmige Kriegshandlungen und damit auch militärisches Handeln insgesamt und unterschiedslos ablehnt und diese

---

19 *von Schubert*, Revision verpasst (s. Anm. 11).

Themen folgerichtig auch aus dem Zentrum des ethisch Klärungsbedürftigen verabschiedet hat. Die weitgreifenden Diskussionszusammenhänge können im Folgenden nur anhand einiger Schlaglichter in Erinnerung gerufen werden.[20]

Bereits die Dresdner ökumenische Versammlung im Jahr 1989 sprach von der „notwendigen Überwindung der Institution des Krieges"[21]. In der Einleitung zu dem hier vorliegenden Band wurde dargestellt, wie in der Folgezeit die evangelisch-theologische Friedensethik den Begriff des Krieges schrittweise aus ihrem Argumentationsbestand verabschiedete und das Leitkonzept des „gerechten Friedens" in den Mittelpunkt stellte.[22] Konsequent fordert die genannte Kundgebung der EKD-Synode von 2019 die „politisch Verantwortlichen dazu auf, militärische Gewalt und kriegerische Mittel zu überwinden"[23]. Die „Lehre vom gerechten Frieden", so ein aktuelles Resümee im Anschluss an den Sozialethiker

---

20 Vgl. *Hans-Richard Reuter*, „Auf der Gewalt ruht kein Segen". Sechs Jahrzehnte Friedensethik der EKD im Rückblick, in: Auf dem Weg zu einer Kirche der Gerechtigkeit und des Friedens. Ein friedenstheologisches Lesebuch. Im Auftrag des Präsidiums der Synode der Evangelischen Kirche in Deutschland hg. durch das Kirchenamt der EKD. Mit einem Geleitwort der Präses der EKD-Synode *Irmgard Schwaetzer*, Leipzig 2019, 67–79.

21 Ökumenische Versammlung für Gerechtigkeit, Frieden und Bewahrung der Schöpfung. Dresden – Magdeburg – Dresden, hg. vom Kirchenamt der EKD, Hannover 1991 (EKD-Texte 38), 32.

22 Vgl. auch: *Ines-Jacqueline Werkner/Dirk Rademacher*, Menschen geschützt – gerechten Frieden verloren? Eine Einleitung, in: dies. (Hg.), Menschen geschützt – gerechten Frieden verloren? Kontroversen um die internationale Schutzverantwortung in der christlichen Friedensethik, Münster 2013 (Ökumenische Studien 41), 1–20.

23 Kirche auf dem Weg der Gerechtigkeit und des Friedens. Kundgebung der 12. Synode der Evangelischen Kirche in Deutschland auf ihrer 6. Tagung (https://www.ekd.de/kundgebung-ekd-synode-frieden-2019-51648.htm; Zugriff am 12. Februar 2023).

und ehemaligen EKD-Ratsvorsitzenden Wolfgang Huber, stelle „eine normative Basisgrammatik für die Friedenspolitik" dar. Ein am Leitbegriff des Friedens orientierter Diskurs könne nicht bei der Kriegssemantik seinen Ausgang nehmen.[24]

So nachvollziehbar solche Intuitionen erscheinen können: Derartige Akzentverschiebungen haben auch einen Verlust an Kontextualisierungskompetenz zur Folge. Zwar wird von vielen nach wie vor die Meinung geteilt, dass militärisches Handeln als *ultima ratio* in Form „rechtserhaltender" oder „rechtserzwingender Gewalt" notwendig sein kann.[25] Doch wo die Aufmerksamkeit allein dem Zusammenhang von Frieden und Recht bzw. Gerechtigkeit gilt, gerät die wünschenswerte Rechtsförmigkeit militärischen Handelns und auch die grundsätzliche Rechtsbestimmtheit von kriegerischen Handlungen zwischen Staaten in den Hintergrund. Zwar blieb im deutschsprachigen friedensethischen Diskurs ein Bewusstsein für die Dienlichkeit der traditionellen Kategorien der Lehre vom „gerechten Krieg" bestehen. Die EKD-Denkschrift von 2007 bekräftigt ihre Geltung als moralische Prüfkriterien für militärisches Handeln (das freilich nur in den Ausnahmefällen zu rechtfertigen ist: wenn das Recht der Staaten auf Selbstverteidigung gegeben ist, wenn ein Mandat der Vereinten Nationen zur Sanktion friedensstörender Einzelstaaten oder aber eine militärische Intervention im Rahmen der Schutzverantwortung der internationalen Gemein-

---

24 Eberhard *Pausch*, Auf der Suche nach dem gerechten Frieden. Die Vielfalt evangelischer Friedensethik in der Geschichte seit 1945 im Überblick, in: zeitzeichen, Mai 2022 (https://zeitzeichen.net/node/9700; Zugriff am 12. Februar 2023). Es erscheint fraglich, inwieweit die Wahl eines ma-terialethischen Leitbegriffs, wie ebd. vom Autor suggeriert, die Qualität eines „slippery slope" (Dammbruchargument) besitzen kann.
25 Aus Gottes Frieden leben – für gerechten Frieden sorgen (s. Anm. 2).

schaft vorliegt).[26] Manche Friedensethiker versuchen heute wieder verstärkt hieran anzuknüpfen.[27] Doch mit der Akzentverschiebung schwand auch das Bewusstsein für normative und empirische Dimensionen der militärischen Kriegsführung, bis hin zu einem Rückgang der Kenntnis ihrer grundlegenden Voraussetzungen und Rahmenbedingungen – etwa des Kriegsvölkerrechts als einer regelbasierten Ordnung, deren Beachtung die militärische Anwendung von Gewalt grundlegend von willkürlicher Gewaltausübung im nationalen oder transnationalen Rahmen unterscheidet.

Die Professionalisierung und Spezialisierung des deutschsprachigen Diskurses über den „Gerechten Frieden" – dies wird von Kritikern leicht übersehen – geschah allerdings nicht im luftleeren Raum akademischer Diskussionen, sondern in engem Austausch einerseits mit den Institutionen der weltweiten ökumenischen Bewegung, repräsentiert vor allem durch den Ökumenischen Rat der Kirchen (ÖRK), andererseits mit Krisen- und Konfliktbearbeitungsstrategien internationaler politischer Institutionen im Umfeld der Vereinten Nationen.[28] Die von deutschsprachigen Kirchen auf unterschiedlichen Ebenen erarbeiteten Stellungnahmen müssen dementsprechend im Zusammenhang der internationalen ökumenischen Konsensbildung betrachtet werden, will man ihre argumentative Entwicklungsdynamik nachvollziehen. Eine zentrale Rolle spielt hier unter anderem der Aufruf des ÖRK aus dem Jahr 2011: Dort wird konstatiert, dass der Einsatz militärischer Gewalt zur Eindämmung einer Gefähr-

---

26 *Werkner/Rademacher*, Menschen geschützt – gerechten Frieden verloren? (s. Anm. 22), 13.

27 *Gräb-Schmidt/Härle/Rink*, Wenn du Frieden willst ..., (s. Anm 15).

28 *Werkner/Rademacher*, Menschen geschützt – gerechten Frieden verloren? (s. Anm. 22), 1–20.

dung des Weltfriedens innerhalb völkerrechtlicher Grenzen zwar zu akzeptieren sei – dass allerdings auf der Basis des christlichen Glaubens die Verpflichtung bestehe, „darüber hinaus zu gehen – und jede theologische oder *andere* Rechtfertigung des Einsatzes militärischer Gewalt in Frage zu stellen"[29]. Auch wenn der Aufruf keinen universalen Konsens der beteiligten Kirchen widerspiegelt,[30] hat dieses weithin rezipierte Dokument den deutschsprachigen Diskurs zur Friedensethik deutlich beeinflusst. Hier setzen Beiträge an, die zum Beispiel auch Formen rechtserhaltender Gewalt im transnationalen Rahmen entmilitarisieren möchten und die Vision internationaler polizeilicher, nicht-militärischer Einsätze zum Friedenserhalt teilen.[31]

Das zugrundeliegende Friedenskonzept gewann im Zuge der internationalen Diskussion zudem immer deutlicher prozessuale Züge.[32] Der Ansatz, Frieden als umfassendes Entwicklungsziel zu definieren, hat das materiale Gebiet für friedensethische Diskussionen erheblich erweitert – soziale, entwicklungspolitische und Bildungsfragen sind hier immer mitzudenken, wenn man nicht hinter die etablierten Maßstäbe des Diskurses zurückfallen möchte.[33] Der friedensethi-

---

29 Ökumenischer Rat der Kirchen: Ein ökumenischer Aufruf zum gerechten Frieden – Begleitdokument, Genf 2011 (https://www.dmfk.de/wp-content/uploads/2022/05/oerk_-_ein_oekumenischer_aufruf_zum_gerechten_frieden_2001.pdf; Zugriff am 12. Februar 2023).

30 *Werkner/Rademacher*, Menschen geschützt – gerechten Frieden verloren? (s. Anm. 22), 13.

31 *Fernando Enns*, Gerechter Frieden zwischen Interventionsverbot und Schutzgebot. Das Dilemma der Gewaltanwendung, in: *Werkner/Rademacher* (Hg.), Menschen geschützt – gerechten Frieden verloren? (s. Anm. 22), 95–109.

32 A. a. O., 12.

sche Diskurs stellt sich hiermit als einerseits äußerst spezialisiert und voraussetzungsreich dar, andererseits als komplex und vieldimensional. Damit ist gewissermaßen eingetreten, wovor der Ethiker Trutz Rendtorff vor gut einer Generation gewarnt hat: Dem Liberalen Rendtorff lag daran, „daß Frieden als verbindliche Aufgabe der Politik alle politischen Ziele und Handlungsweisen umfaßt und keine besondere, von anderen politischen Aufgaben zu trennende Einzelaufgabe darstellt"[34]. Darin liegt, so lässt sich auch angesichts der aktuellen Situation festhalten, die Chance für einen spezifisch christlich akzentuierungsfähigen Ansatz politischer Ethik. Einzelne friedensethische Beiträge haben dies immer wieder überzeugend genutzt.[35]

Die „Spezialisierung des Friedensthemas" im Sinne der Friedens- und Konfliktforschung, so Rendtorff, führe allerdings zur Verengung auf einen besonderen Praxisbegriff, wobei der „positive, ethische Inhalt des Friedensbegriffs" verloren zu gehen drohe.[36] Wenn sich die evangelische Kirche in der akuten Krise im Februar 2022 trotz ihrer gesammelten

---

[33] Problembewusst: *Werkner*, Debatten um den Friedensbegriff, in: Auf dem Weg zu einer Kirche der Gerechtigkeit und des Friedens (s. Anm. 20), 183–188.

[34] *Trutz Rendtorff*, Ethik. Grundelemente, Methodologie und Konkretionen einer ethischen Theologie, hg. von *Reiner Anselm* und *Stephan Schleissing*, Tübingen ³2011, 494. Ähnlich die Kritik von Roger Mielke, der von Phänomenen der Differenzierung und Entdifferenzierung spricht: *Roger Mielke*, An der Epochenschwelle. Evangelische Friedensethik revisited – anlässlich des Überfalls Putins auf die Ukraine, in: zeitzeichen (28.02.2022: https://zeitzeichen.net/node/9601; Zugriff am 12. Februar 2023).

[35] Vgl. *Roger Mielke*, „Schafft Frieden in euren Toren" (Sach 8,16): Zum Friedensauftrag der Kirchen in Zeiten der Polarisierung, in: Auf dem Weg zu einer Kirche der Gerechtigkeit und des Friedens (s. Anm. 20), 109–124.

[36] *Rendtorff*, Ethik (s. Anm. 34), 495.

friedensethischen Expertise, wie zu sehen war, sehr schwer damit tat, robuste und praxistaugliche Antworten auf die Sorgen von Christinnen und Christen zu liefern, was angesichts eines Angriffskrieges mitten in Europa konkret zu tun sei, dann mag das teilweise auch auf einen solchen Verlustprozess zurückzuführen sein – beziehungsweise umgekehrt auf die Verdrängung der Institution des Krieges und der zugehörigen Wahrnehmungs- und Praxisbezüge aus den ethischen Debatten im kirchlichen Umfeld.

3. Reden von Krieg und Frieden als Aufgabe der Kirche

Angesichts der Dringlichkeit, den Frieden in Europa und vor unserer östlichen Haustür wiederherzustellen, muss der evangelischen Kirche allerdings mehr denn je an einer krisentauglichen Bestimmung ihrer Rede von Krieg und Frieden gelegen sein. Ob das gelingt, entscheidet sich auf drei Feldern:

1. Kirchlicher Anspruch ist, all jenen Orientierung zu bieten, die sich um die Erhaltung des Friedens sorgen und deren Leben von der Realität des Krieges bedroht wird. Wer gerechten Frieden für alle Menschen fordert, muss die Sorgen derjenigen aufnehmen, die als Leidende oder Handelnde in militärische Gewaltstrukturen eingebunden sind. In Zukunft sollte die Kirche seltener lediglich zielorientiert – auf das politisch Mach- und Planbare beschränkt – und häufiger geistlich-theologisch argumentieren. Neben der kirchlichen Teilhabe am rational basierten friedensethischen Diskurs steht ein kirchliches Reden von Krieg und Frieden, das die emotionale und die religiöse Bewusstseinsebene des persönlichen Gegenübers im Blick hat.[37] Gefragt ist eine Sprache, die unauflös-

---

37 Ähnlich Roger Mielke: „Evangelische Friedensethik steht gegenwärtig neu

bare Dilemmasituationen in der Wirklichkeit des Krieges auf den Punkt bringt, die Leidens- und Mitleidenserfahrungen aufnimmt und sich nicht scheut, das Böse „böse" zu nennen. Dabei ist nüchtern damit zu rechnen, dass angesichts des gesellschaftlichen Vertrauensverlusts die Orientierungsleistung der Kirchen künftig weniger gefragt sein wird. Künftige friedensethische Positionierungen der Kirchen werden, auch wenn sie vorwiegend intellektuell argumentieren, in der Regel allenfalls binnenwirksam sein. Dessen eingedenk, muss der kirchliche Diskurs zum Thema Krieg und Frieden keine falschen Rücksichten im Sinne tagespolitischer Zwecksetzungen nehmen. Mut zur anspruchsvollen theologischen Argumentation ist gefragt.

2. Der Grundimpuls kirchlicher Rede von Krieg und Frieden sollte sein: Glaubenden und Zweifelnden angesichts der verstörenden Kriegswirklichkeit dabei zu helfen, ihre Hoffnungen und Sorgen im Medium der Religion zu artikulieren. Hier gibt es einen akuten seelsorgerlichen Bedarf, der zu wenig gesehen wird. Viel mehr – auch junge – Menschen in Deutschland, als die Kirche gemeinhin im Blick hat, leben mit traumatisierenden Kriegserfahrungen oder bangen um ihre Angehörigen in Krisengebieten. Durchschnittlich acht Prozent der evangelischen Kirchenmitglieder sind „Russlanddeutsche" bzw. haben Wurzeln in den Nachfolgestaaten der Sowjetunion. Viele von ihnen haben nach wie vor enge familiäre Beziehungen in diesen Raum. Ist die evangelische

---

vor der Aufgabe, sich auf eine Weise zu artikulieren, die deutlich macht, dass sie einerseits aus religiöser Praxis heraus spricht und von dieser Praxis auch geformt ist und bleibt. Gleichzeitig wird sie sich bewusst sein, wo sie Systemgrenzen überschreitet und in anderen gesellschaftlichen Funktionssystemen moralische Reflexion und Handeln ermöglichen will" (Mielke, An der Epochenschwelle, s. Anm. 34).

Kirche sprachfähig, um ihrem ambivalenten Erleben eine religiöse Stimme zu geben? Wie Christen authentisch von Kriegsangst und -leid und von der Hoffnung auf Frieden reden können – das wird künftig ein Lernprozess von der Basis her sein, der in den Gemeinden und sozialen Netzwerken, vermehrt auch in der Militärseelsorge für die Soldatinnen und Soldaten der Bundeswehr, seine Quellen hat. Die Beiträge von Vertretern der evangelischen Militärseelsorge zur friedensethischen Diskussion bewegen sich auf hohem theoretischen Niveau und bringen gleichzeitig Erfahrungen erster Hand aus der ambivalenten Einsatzwirklichkeit der Bundeswehr und aus der Sorge für physisch und psychisch Kriegsversehrte mit. Sie sollten in allen kirchlichen Foren aufmerksam und unvoreingenommen gehört und in die Urteilsbildung einbezogen werden.[38]

3. Nach wie vor wird jeder Beitrag der Kirche zum Thema Krieg und Frieden nur so glaubhaft sein, wie er sich im kirchlichen Handeln widerspiegelt. Globale Entwicklungshilfe und Friedensdienste sind unersetzlich, um diese Glaubwürdigkeit zu dokumentieren. In einer Zeit, in der Kirchenleitungen sich vornehmlich damit beschäftigen müssen, die Zukunftsfähigkeit der eigenen Organisation herzustellen, darf diese weltweite Perspektive nicht aus dem Blick geraten. Das gilt auch für die praktische Friedensarbeit vor Ort: In den vergangenen Jahren gab es unter maßgeblicher Mitwirkung kirchlich verbundener Ehrenamtlicher ein beeindruckendes Engagement in der Flüchtlingshilfe. Es steht noch aus, die

---

38 Vgl. Evangelische Militärseelsorge (Hg.), Maß des Möglichen. Perspektiven evangelischer Friedensethik angesichts des Krieges in der Ukraine. Ein Debattenbeitrag (Schriften der Evangelischen Seelsorge in der Bundeswehr), Berlin 2023.

dort gewonnenen Erfahrungen prozessualer Arbeit am gesellschaftlichen Frieden für die allgemeine Kirchenentwicklung fruchtbar zu machen.

Die Kirche wird nicht vorschnell eine „Zeitenwende" ausrufen, schon gar nicht, was ihre Haltung als Gegenüber zur Politik und als dienende Kraft in der Gesellschaft angeht. Aber dem Gesprächsbedarf wird sie nicht ausweichen. Bis eine Tonlage gefunden wird, die in der neuen Situation trägt und die den Ängsten und Hoffnungen in der Gesellschaft gerecht wird, indem sie aus den drei eben benannten Praxisfeldern schöpft, darf ruhig etwas Zeit vergehen. Wichtig ist in einer akuten Kriegssituation zunächst vor allem, dass Christen für den Frieden beten und tatkräftig den vor den Kriegsfolgen Geflüchteten wie den im Kriegsgebiet Ausharrenden zur Seite stehen, auch wenn sich der Konflikt in die Länge ziehen sollte.

Was für Anforderungen sind aber vor diesem Hintergrund längerfristig an künftige friedensethische Positionierungen zu stellen, denen die evangelische Kirche auf Dauer nicht wird ausweichen können? Der politische Korrespondent Reinhard Bingener hat in seiner Rezension zweier aktueller friedensethischer Beiträge postuliert, die kirchliche Friedensethik müsse sprachfähig in der Frage werden, „wie eine verantwortbare Sicherheitspolitik aus evangelischer Sicht konkret aussieht. Wie viel darf die Bundeswehr kosten? Wo sollen die Soldaten eingesetzt werden? Welche Waffen sollen sie in die Hand bekommen? Soll eine kirchliche Friedensethik Gehör finden," so Bingener, „muss sie auch auf solche Fragen durchdachte und umsetzbare Antworten geben"[39].

---

39 *Reinhard Bingener*, Wer den Frieden will, der rüste sich für die EKD-Synode. Zwei neue Bücher zur Debatte über Militär und Kirche (FAZ, 22.10. 2019).

Das wird nicht rasch geschehen. Auf derart konkrete Fragen werden allenfalls einzelne Akteure aus dem breiten Feld evangelischer Institutionen belastbare Auskunft zu geben versuchen. Und auch hier wäre zunächst eine entsprechende realpolitische Expertise zu gewährleisten. Allgemein jedoch wird es auch in Zukunft – mit einer Formulierung des Friedensbeauftragten der EKD, Landesbischof Friedrich Kramer, gesprochen – bei der „Differenzierung und Vielstimmigkeit" der friedensethischen Positionen innerhalb der evangelischen Kirche bleiben. Das ist selbstverständlich und sollte von niemandem bedauert werden. Der Befund gilt für die große Mehrheit individual- und sozialethischer Themen und ist ein Ausweis intellektueller Lebendigkeit und demokratischer Verfasstheit der Evangelischen. Festzuhalten ist: Mehr als bei manchen anderen ethischen Themen sind beim Thema Krieg und Frieden allein auf der Basis des biblischen Zeugnisses ganz unterschiedliche individuelle Positionsnahmen möglich.

Diese prinzipielle evangelische Pluralitätsoffenheit kann kirchlich Verantwortliche dazu bewegen, im Zweifel auf tagesaktuelle friedenspolitische Botschaften getrost einmal zu verzichten. Hartwig von Schubert formuliert die damit verbundene Anfrage an das Konzept der „Öffentlichen Theologie" mit den Worten:

> „Umso mehr sollte die evangelische Kirche noch nicht einmal den Anschein erwecken, als böte sie sich selbst der Gesellschaft als berufene Wächterin und Inhaberin ‚weltlicher' Macht und autorisiertes politisches Subjekt an. Sie soll mithelfen, die politische Urteilskraft zu erweitern, aber Politik zu machen ist nicht Sache von Kirchen, sondern von politisch kräftigen Staaten."[40]

---

40 *Hartwig von Schubert*, Krieg, Völkerrecht und evangelische Ethik. Warum sich die evangelische Friedensethik Verbündete in anderen Disziplinen su-

Die angesichts des Ukrainekrieges sichtbar gewordene Unsortiertheit kann jedoch ein positiver Anlass sein, grundlegende Fragen nach der Zielsetzung und Perspektivierung zu stellen, mit der die evangelische Kirche sich in friedensethischen Fragen äußert. Von Schubert hat angemahnt, solche kirchlichen Stellungnahmen sollten allgemein eher das Format der These und Frage haben als dasjenige eines Beschlusses oder einer abschließenden Stellungnahme.[41] Der Gehalt einer kirchlichen Äußerung, so lässt sich ergänzen, besteht nicht in der Forderung, einzelne Maßnahmen oder Handlungen zu tun oder zu unterlassen. Der Maßstab für die inhaltliche Qualität einer friedensethischen Äußerung im Namen der evangelischen Kirche bleibt vielmehr, dass diese Äußerung in Fragen, die Krieg und Frieden betreffen, eine hilfreiche Antwort auf wahrnehmbare Sorgen und artikulierte Not individueller Menschen darstellt.

Hiervon ausgehend lässt sich fragen, ob kirchliche Foren nicht deutlicher differenzieren sollten zwischen Äußerungen, die an die allgemeine Öffentlichkeit adressiert sind, und Selbstvergewisserungen, die primär Christinnen und Christen im Blick haben. Eine solche Unterscheidung kann in zwei Hinsichten sinnvoll sein: Im ersten Fall sind, mit dem Ziel der kommunikativen Anschlussfähigkeit, eine rationale Argumentation und ein möglichst hoher Grad der Interdisziplinarität im Verbund mit nichttheologischen Wissenschaftsdisziplinen wie der Theorie der internationalen Beziehungen, dem Völkerrecht und der Gewaltsoziologie notwendig. Fraglich ist, ob solchen anspruchsvollen Textdokumenten über-

---

chen sollte, in: zeitzeichen, 13.04.2022 (https://zeitzeichen.net/node/9688; Zugriff am 12. Februar 2023).

41 *von Schubert*, Revision verpasst (s. Anm. 11).

haupt eine erkennbare und konsistente theologische Urteilsbildung zugrunde gelegt werden kann, wenn diese nicht zuerst immer wieder zuerst ad hoc – angesichts einer aktuellen Situation, die beurteilt werden muss – mit dem klaren Fokus geleistet wird, Christinnen und Christen eine im Evangelium gegründete Handlungsorientierung zu geben. Angemessen ist, dass bei dieser eher nach innen gerichteten Perspektive neben der genauen Rekonstruktion der politischen Herausforderungen und der Beschreibung des friedensethischen Theorierahmens deutlich stärker auch biblische Bilder, Argumentationsgänge und Narrationen herangezogen werden und die Auseinandersetzung mit unterschiedlichen Konzepten evangelisch-theologischer Ethik geleistet wird. Bei beiden Diskussionssträngen werden sich übrigens viele Kirchenmitglieder eine breitere Auswahl der Gesprächspartner als bisher wünschen und den Mut, auch Stimmen anderer als der bisher überwiegend vertretenen Haltungen anzuhören.

Auch die Pragmatik der beiden Blickrichtungen kirchlicher Äußerung ist eine unterschiedliche: Während die primär nach innen zielende Handlungsorientierung im besten protestantischen Sinne der Seelsorge und der Gewissensschärfung zu dienen hat,[42] lautet die Zielsetzung in Richtung der weiteren gesellschaftlichen Öffentlichkeit, kollektive Sorgen aufzunehmen, zur individuellen Stellungnahme zu befähigen und zur gesellschaftlichen Diskussion anzuregen. Dementsprechend ist auch der Rekurs auf den Gehalt der christlichen Evangeliumsbotschaft beide Male ein anderer. Im nach außen gewandten Diskurs ist Mut zu einer zivilreligiösen

---

42 Vgl. *Rochus Leonhardt/Renate Penßel*, Die evangelische Friedensethik, das Völkerrecht und Confessio Augustana 16, in: Zeitschrift für evangelisches Kirchenrecht 67, 2022, 113–145, 141.

Neuformulierung biblischer Befunde gefragt. Anselm, Bruns und Mielke regen an, die Gehalte der christlichen Glaubensbotschaft – die wirkmächtigen „großen biblischen Erzählungen und Bilder des Friedens" – in ihrer gesellschaftsdienlichen Qualität neu als *moral imaginations* zu erschließen.[43] Hartwig von Schubert plädiert für ein „reflektiert symbolisches Verständnis" biblischer Bilder und religiöser Normen im Rahmen der politisch-ethischen Urteilsbildung, die auch zahlreiche weitere empirisch-konkrete und generell-wissenschaftliche Perspektiven einbeziehen müsse.[44]

Die vorausliegenden Aufgaben für den friedensethischen Diskurs erscheinen aus der skizzierten kirchlichen Binnenperspektive groß. Die gesellschaftliche Erwartungshaltung an einen hilfreichen Beitrag der evangelischen Kirche ist demgegenüber, realistisch gesprochen, gering. Ein messbarer Erfolg des kirchlichen Redens von Krieg und Frieden wird in jedem Fall sein, wenn ein theologisches Argument im interdisziplinären friedensethischen Diskurs rezipiert wird, wenn evangelische Friedensbildung zur Urteilsbildung politischer oder militärischer Verantwortungsträger mitwirkt und vor allem, wenn sich Menschen inmitten ihrer Zukunftssorgen von der Friedensverheißung des christlichen Glaubens bestärkt und getragen fühlen.

---

43 *Anselm/Bruns/Mielke*, Starke Zeichen (s. Anm. 1).
44 *von Schubert*, Pflugscharen und Schwerter (s. Anm. 7), 38 f.

Die Autoren

Volker Gerhardt, Dr. phil., Jahrgang 1944, studierte Philosophie, Soziologie, Psychologie und Rechtswissenschaft in Frankfurt und Münster. Seit 1985 lehrte er zunächst in Münster, Zürich, Köln und Halle, bevor er 1992 eine Professur für Praktische Philosophie an der Humboldt-Universität zu Berlin übernahm; dort hat er bis heute eine Seniorprofessur inne. 2017 wurde ihm die Ehrendoktorwürde der Theologischen Fakultät der Universität Leipzig verliehen.

Rochus Leonhardt, Dr. theol., Jahrgang 1965, studierte Evangelische Theologie in Naumburg/Saale und Leipzig. Er lehrte zunächst in Rostock und Hamburg, bevor er 2011 eine Professur für Systematische Theologie unter besonderer Berücksichtigung der Ethik an der Theologischen Fakultät der Universität Leipzig übernahm.

Johannes Wischmeyer, Dr. theol., Jahrgang 1977, studierte Geschichte, Kirchengeschichte und Evangelische Theologie in Leipzig, Oxford, Heidelberg, Tübingen und München. Er arbeitete von 2008 bis 2015 als Wissenschaftlicher Mitarbeiter am Leibniz-Institut für Europäische Geschichte in Mainz und wurde 2016 zum Pfarrer ordiniert. Seit 2020 ist er im Kirchenamt der EKD in Hannover tätig, seit Dezember 2021 als Leiter der Abteilung »Kirchliche Handlungsfelder«.

Hartwig von Schubert
Pflugscharen und Schwerter
Plädoyer für eine
realistische Friedensethik

160 Seiten | Paperback
12 x 19 cm
ISBN 978-3-374-05861-7
EUR 15,00 [D]

eISBN (PDF) 978-3-374-05862-4

Wieder einmal wird in Deutschland die existenzielle Frage von Krieg und Frieden debattiert – genauer: die Frage nach der Legitimation nationalstaatlicher Gewalt innen- und außenpolitisch. Der erfahrene Militärdekan Hartwig von Schubert steuert das Schiff politischer Vernunft sicher zwischen radikalpazifistischer Friedensethik und einer einzig auf nationale Stärke setzenden Interessenpolitik hindurch. Er vertritt einen rechtspazifistischen Liberalismus (*legal pacifism*), der das Gewaltmonopol des Staates bejaht, weil nur so Recht und Frieden gewährleistet werden können. Damit nimmt er zugleich die Debatte darüber auf, welche Rolle Deutschland und Europa künftig bei globalen Konflikten spielen sollen, und bekräftigt das bewährte Programm gemeinsamer Sicherheit.

EVANGELISCHE VERLAGSANSTALT
Leipzig www.eva-leipzig.de

Tel +49 (0) 341/ 7 11 41 -44   shop@eva-leipzig.de

Hartwig von Schubert
Nieder mit dem Krieg!
Eine Ethik politischer Gewalt

576 Seiten | Hardcover
15,5 x 23 cm
ISBN 978-3-374-07045-9
EUR 68,00 [D]

eISBN (PDF) 978-3-374-07046-6

Jahrzehnte des Krieges in Afrika, auf dem Balkan, am Golf und im Nahen Osten, Krieg in der Ukraine, Krieg in Mexiko, Krieg in Afghanistan. Die USA haben sich weltweit zurückgezogen, das Vakuum füllen andere. Europa sollte sich dieser Realität stellen, um nicht immer wieder von ihr überrascht zu werden; dies aber nicht auf dem Weg zurück in die Machtspiele des 19. Jahrhunderts, sondern auf den Wegen des Völkerrechts und durch die Errichtung von und die Mitwirkung an Systemen gemeinsamer Sicherheit. Liegt aber nicht gerade das Völkerrecht am Boden? Wer glaubt noch an die UN-Charta? Christen glauben nicht an die Charta, sondern an Gott und die Macht der Nächstenliebe. Zu diesem Glauben aber gehört das Bekenntnis zu Menschenwürde und Menschenrecht und zur zivilisierenden Kraft des Völkerrechts.

EVANGELISCHE VERLAGSANSTALT
Leipzig www.eva-leipzig.de

Tel +49 (0) 341/ 7 11 41 -44   shop@eva-leipzig.de

Renke Brahms
Allein der Frieden
Friedenstheologische und
friedensethische Perspektiven

188 Seiten | Paperback
12 x 19 cm
ISBN 978-3-374-07340-5
EUR 38,00 [D]

eISBN (PDF) 978-3-374-07341-2

Der völkerrechtswidrige Krieg Russlands gegen die Ukraine fordert die evangelische Friedensethik heraus und gibt Anlass, über die Grundlagen einer reformatorisch geprägten Friedenstheologie nachzudenken und die verschiedenen friedensethischen Optionen zu durchdenken. Ausgehend von der Rechtfertigungslehre und den reformatorischen »Soli« werden theologische Grundmuster der evangelischen Tradition kritisch betrachtet und auf dem aktuellen Hintergrund mit sola pax (allein der Frieden) ergänzt.

In einem zweiten Teil werden angesichts des Krieges in der Ukraine die Denkmuster der »rechtserhaltenden Gewalt« aus der Denkschrift der EKD von 2007 und der »Weg der Gewaltfreiheit« reflektiert und damit ein Beitrag zur Debatte um eine »neue Friedensethik« versucht.

EVANGELISCHE VERLAGSANSTALT
Leipzig www.eva-leipzig.de

Tel +49 (0) 341/ 7 11 41 -44   shop@eva-leipzig.de

Detlef Hiller
Daniel Straß (Hrsg.)
Morphologie der Übermoral
Zum Moralismus in gesellschaftlichen und theologischen Debatten

212 Seiten | Paperback
15,5 x 23 cm
ISBN 978-3-374-07331-3
EUR 29,00 [D]

eISBN (PDF) 978-3-374-07332-0

War in moralischer Hinsicht früher die Theologie im Verdacht, ihre Weltsicht übergriffig auszuweiten, während die »neuen« Wissenschaften eine »werturteilsfreie« Herangehensweise gegen zu viel Moral versprachen, scheinen heute die Sozialwissenschaften und auf sie bezogene Handlungsfelder moralisch aufgeladen, während die Theologie schweigt oder sich dem Trend anschließt.

Die Autoren fragen aus verschiedenen wissenschaftlichen Blickwinkeln nach den Ursachen dieser Entwicklung. Sie tasten sich dabei zu der Grenze vor, an der die Sorge um ein verantwortungsvolles Miteinander und Achtsamkeit umschlägt in einen rigiden Moralismus. In der Rückbesinnung auf theologische Grundlagen und im Geiste einer vitalen christlichen Spiritualität zeigen sich kritische Einsichten und überraschende moralische Entlastungen.

EVANGELISCHE VERLAGSANSTALT
Leipzig   www.eva-leipzig.de

Tel +49 (0) 341/ 7 11 41 -44   shop@eva-leipzig.de

Alexander Deeg
Christian Lehnert (Hrsg.)
Krieg und Frieden
Metaphern der Gewalt
und der Versöhnung im
christlichen Gottesdienst

*Beiträge zu Liturgie und
pirituatität (Lit) | 34*

184 Seiten | Paperback
14,5 x 21,5 cm
ISBN 978-3-374-07085-5
EUR 38,00 [D]

eISBN (PDF) 978-3-374-07086-2

Polarisierungen im politischen Alltag, Spannungen, neue globale Konfliktlagen und immer wieder Gewalt, die als Mittel zum Zweck dient oder als Exzess aufbricht! – Es ist drängender und zugleich schwieriger geworden, Frieden zu verkündigen. Die christliche Friedensbotschaft ist stark und mehrdimensional, sie hat ethische, eschatologische und auch liturgische Aspekte. Eindeutig ist sie nicht, denn schon in der biblischen Tradition gehören Gewaltmetaphern zu religiöser Sprache.
Sind unsere Gottesdienste Orte des Friedens? Die Beiträge in diesem Buch analysieren Lieder und Liturgien, schauen auf gesellschaftliche Kontexte und versuchen in einem weiten Bogen zu erkunden, was unsere Gottesdienste beitragen können zu einer friedlicheren Welt.

EVANGELISCHE VERLAGSANSTALT
Leipzig www.eva-leipzig.de

Tel +49 (0) 341/ 7 11 41 -44   shop@eva-leipzig.de

Rochus Leonhardt
Ethik
Studienausgabe

Lehrwerk Evangelische Theologie (LETh) | 6

664 Seiten | Paperback
14 x 21 cm
ISBN 978-3-374-07183-8
EUR 38,00 [D]

eISBN (PDF) 978-3-374-05487-9

Ethik ist eine wissenschaftliche Disziplin, in der die Frage nach dem moralisch richtigen Handeln des Menschen erörtert wird. Obwohl sie also keine spezifisch theologische Wissenschaft ist, begegnet sie im Spektrum der theologischen Fächer als eine Teildisziplin der Systematischen Theologie.

Das Lehrbuch des Leipziger Theologen Rochus Leonhardt widmet sich in einem ersten Teil der Etablierung der Ethik als einer philosophischen Disziplin und fragt nach der Spezifik der theologischen Ethik. Ein zweiter Teil thematisiert zentrale biblische Bezugstexte und Leitbegriffe der christlichen Ethik und stellt maßgebliche Ethik-Typen vor. Der dritte Teil behandelt wichtige individual- und sozialethische Themen. Leitend ist dabei die Orientierung an den rechtfertigungstheologischen Grundeinsichten Martin Luthers.

EVANGELISCHE VERLAGSANSTALT
Leipzig www.eva-leipzig.de

Tel +49 (0) 341/ 7 11 41 -44   shop@eva-leipzig.de